JN116791

サバイバル原論

病める社会を生き抜く心理学

前田 益尚

晃洋書房

はじめに

「程度の差こそあれ冗談を、とにかく自分では冗談のつもりのことを言いあい、まずは自分自身を、ひいてはおたがいを笑い飛ばそうと躍起になった。」（ヴィクトール・E・フランクル『夜と霧 新版』邦訳 p.25.）

ナチスの強制収容所から生還した心理学者、ヴィクトール・E・フランクルが、強制収容所での生活観を記した一文です。それは、極限状態の逆境において、否定的な感情を笑いに変換して表出しているストレス・コーピング、対処法でした。これは、自尊心（self-esteem）を失わずに生き残るための心構えであり、（思いつめることなく、自分を客観的に見られるという意味での）〈自己相対化〉のサバイバル法と言えるでしょう。

コロナ禍の現在、我々の言動はすべてがサバイバルです。身体的にも、精神的にも。そして、サバイバルの方法論に唯一無二の正解はありません。生物は、どのような種でも個体でも、様々なサバイバルのプロセスを経ずに、生き永らえることなどできないでしょう。そして、変化する環境に適応できた生命だけが生き残り、それが後に進化と呼べるのです。

本書で使う心理学とは、人生のサバイバル戦略のうち、心理戦を担う行動科学としての心理学です。経済学は、心理学の考え方を取り入れて、人間の心の動きを経済活動に直結させる行動経済学に発展させました。それは、さらに具体的な学問分野に展開します。そして、人間の心を動かし、問題の解決を図るカジュアルな仕掛け学に発展したのです。この先に経済学が進化するとしたら、条件に適応した市場だけが生き残る方法論を考察する金融生物学や適応経済学となるかもしれません。

本書の内容は、まさに人々の心を動かす社会心理学を経由し、社会病理の渦中にあっても、生き抜く術を図る生き残り学のエスキス（原案）です。そして、仕掛け学がそうであるように、サバイバル法を探る生き残り学の工程も、試行錯誤の探究となるでしょう。

学会でも重箱の隅をつつく質疑応答ができるような形式知（Explicit Knowledge）の領域は、想定外の危機対応には機能しにくい空論になるケースが多いものです。それに対して、直観より〈直感〉に頼るような暗黙知（Tacit Knowledge）の領域を稼働させて作ったエスキスは、スキだらけかもしれませんが、単純化されているので突発的な危機対応には使い勝手が良いケースもあるでしょう。つまり予想外の緊急時に、感知するセンサーがあれば、サバイバルの手がかりをもたらしてくれる即応性や適応性を期待できるのです。解決すべき情報が多過ぎて混乱する時に、とっさの判断を下す〈直感〉のことを、心理系ジャーナリストのマルコム・グラッドウェルは、「適応性無意識」（adaptive unconscious）の発動だと捉えています。

しかし、サバイバルとは、そんなに難しいことでも、的外れな工程でもありません。例えば、ウイルスは（意志を持って）進化するというよりは、繁殖の過程で一定数のコピーミス（突然変異）が生じます。その中から、より環境に適応できるコピーミスのウイルスが生き残って多数派となり、結果、進化したように見えるのがサバイバルの王道でしょう。自然の成り行きとは、たまたま生き残った結果なのです。

人間界でも、才能がある人物なら、学歴社会でトップ校に進まずとも、二番手三番手校でも、誰かに見出されるはずです。才能を見失う社会心理しか働かないようでは、文明社会とは言えず、進歩もしません。学歴がなくても、才能がある者がいれば、文明は自然と巻き込めるはずなのです。それが、進歩を止めない文明社会でしょう。東大京大を出ていなくても、たとえ大学を出ていなくても、才能には光が当たります。身近な例を挙げると、伊集院光さんのような唯一無二の審美眼を持つ方は、たとえ大学を出ていなくても大卒の評論家などにも引けを取らず、あらゆるメディアでコメンテーターとして重宝されているでしょう。

生き残り方を考える材料として、著者は、サバイバル映画の代表格、ゾンビものが大好きです。特に真面目で悲劇的なストーリー展開の作品が大好物でした。ゾンビというフィクションの物語で（人生）哲学を問われる瞬間は、目の前で愛する者がゾンビに噛まれ、ゾンビになることを余儀なくされた時です。

ありきたりな心理かもしれませんが、著者なら愛する者がゾンビになるなら、自分を噛ませて、自分もゾンビになります。ここまでは選択する人も多いでしょう。しかし著者の心理は、この選択を苦渋の選択でも悲劇的な選択だとも意識しません。著者は愛する者と一緒にゾンビになれれば、二人でお手手つないで〝人類食べ歩き〟という誰も経験しえない（短い人生でも）ビクトリーロードを歩めると肯定的にしか考えないのです。本気でそう思っています。人間によっては穏やかな心理状態のままでも、ゾンビになれるのでした。

同様の人生哲学は、拙著『楽天的闘病論――転んでもタダでは起きぬ社会学』を参照ください。ステージ4に近い下咽頭がんと宣告されようが、不治の病と言われるアルコール依存症を長期間患っていようが、自己肯定感（self-affirmation）を保持した心理状態で乗り切ったリカバリー（回復）のドキュメントが開示されています。

依存症の習慣性を正す方法の一つとして、社会心理学者、クロード・スティールが示す自己肯定感とは、あるべき本来の姿をひたすら自分に言い聞かせることでした。

目次

II 〝生き残り学〟のすゝめ……71

I　どんな意見にも、一理ある

前田研究室では、どんな苦境や逆境に立たされても、生き残れる心理状態になるために、**間違いのない（健全な）自己肯定感**を育む必要があると考えています。間違いのないとは、無理せずに空気を読んだ上で、どんな相手にも通じる（共感される）という自己肯定感です。誰にも理解されない（共感されない）自己肯定感は、自己陶酔感に過ぎません。本書が目指す自己肯定感とは、心理学において自他ともに尊重した自己表現や自己主張を意味するアサーティブネスにも通じます。

「アサーティブであること――それをアサーティブネスと言います。自分の感じ方や考え方を、相手を尊重しながら伝えていくための1つの道具です。」（堀田美保『アサーティブ

ネス その実践に役立つ心理学』 p.1.）

そして、健全な自己肯定感とは何でしょう。例えば、被害妄想を取り除くために、認知行動療法などで、他人は自分のことを悪く思うどころか、気にもかけていない場合が多いと思い直させる方法があります。しかし、それによって不健全な結果をもたらすケースもあるのです。周囲の眼を気にかけないことが過ぎると、本当に非難されている事にも気づかないなど、当人の危機管理能力が低下する場合もあるのでした。それはまさに、不健全な自己肯定感でしょう。これは、被害妄想に苛まれたアルコール依存症者が、回復のプロセスで過度に認知行動療法などを施された結果、自分勝手な振る舞いに終始するようなケースもあるとアディクション系の学会で問題提起された一例です。ですから、自他ともに相対化した上での健全な自己肯定感が、生き残るためには必要だと考えられます。つまり、心理学者アドラー流の〝嫌われる勇気〟も、真に胆力（たんりょく）であるならば、勇気を出しっぱなしにして空気を無視するのではなく、小出しにするなど自身でコントロールする必要があるのかもしれません。それでこそ、不自由に生きるより、自由自在に自己演出して、かつ他者にも寛容になれるのでしょう。

いかに病める社会でも、研究室のメンバーを生き残らせるための考え方は、教員も学生も、どんな意見でも、一理ある！　と共感し、**どんな愚行であろうとも、必ず一部は理解できる事由があるはずだと考える**のがスタートです。あらゆる事象には理由があるというドイツの哲学者、アルトゥル・ショーペンハウアーの充足理由律や、あらゆる行為者は、合理的であるという、フランスの社会学者、ピエール・ブルデューの考え方にも通底するでしょう。そのように直感で考えられた脳内にこそ、社会病理を感知して生き残り、生き抜く科学を構築できると期待しているのです。

【コラム】前田研究室での一幕

前田研究室のゼミ生から、「これからの選挙においては、少子化で少なくなる若者1人に、高齢化社会で増える高齢者の倍、2票を与えて欲しい。」という提案がありました。

それは、**責任**ある存在として長く生きる（責任を負う）人間の意思を、より重く尊重するべきだという考え方に基づき、平均余命に比例して、一票の価値（重み）を配分すると制度設計できます。極論であることは承知の上で、どんな意見にも一理を認める指導教授の著者は、一見暴論に聴こえるこのゼミ生のアイディアを、正論に近づけるようアップグレードしてみました。後、何十年も生きる人間の意思を、残り少ない余生の者より尊重するため、余命の長さに比例して投票ポイントを付与するシステムを考えてみたのです。

その前に、この極論を紹介するのには、理由があります。

授業で取ったアンケートで、社会問題に関する学生の回答を読むと、必ず高齢者になる若者たちには、自分の老後を心配して、豊かな高齢者政策を望む内容が多いのです。年金などは最たるものでしょう。逆に、二度と若年層に戻れない高齢者たちに、若者向けの政策を考えてもらうメンタリティを望むのは酷かもしれません。少子化の上に、孫がいても多くが別世帯ならなおさらです。結果、必ず歳を取る若者たちは、意外と高齢者政策にも理解を示しているからこそ、この極論を俎上に載せてみました。

具体的な考え方：投票時の平均寿命―投票者の年齢＝投票ポイント

まさに極論ですが、例えば、18歳の市民が投票する時、平均寿命が80歳だったとしたら、80－18＝62ポイント投票できるのです。逆に、79歳の市民なら、80－79＝1ポイントしか投票できません。さらに、80歳以上はマイナスポイントになるため、投票しても反映されません。平均寿命を超えた高齢者は実質、投票権の返納になります。高齢ドライバーには、運転免許証を返納してもらう考え方に近いでしょう。

これで、明らかに人数の少ない若者の投票ポイント合計が大きくなれば、選挙結果を左右できるという仕組みです。もちろん、このような投票システムが国政選挙で実現するなど、まずあり得ません。しかし特区で試してみては、いかがでしょうか。たとえ極論でも、少しは有効性が期待できるかもしれない制度を試行してみるのが、小さな特区の実験的な役割ではないでしょうか。

例えば、過疎地域の町議会議員選挙に適用してみるのです。結果、住民票を町に残して上京していた大学生たちが、投票ポイントの高さに惹かれて帰省しては投票し、その選挙結果によって町に活気が出れば、成功と言えるかもしれません。

そして、その成功体験は、投票ポイントを1／10〜1／30に割るなどして、1票の格差を薄めながら、市議会議員選挙や、県議会議員選挙へと適用する範囲を拡げていけるかもしれないのです。

さらに極論ですが、本気で過疎地域対策と同時に、都市圏への人口集中を解消させるなら、1票の格差拡大を推進するべきではないでしょうか。著者は、衆院小選挙区の議員1人当たりの人口を、2倍以上にどんどん拡げて行くのが地方創生につながると考えるのです。そして、住民税を都市部はより高く、地方はより安く、過疎地域の子育て世帯は住民税ゼロでも構いません。特に過疎地域の少子化対策としては、子どもを産んだら、その子が選挙権を得るまで、親に2票を与える地方選挙も考えました。5人産んだら、自分も含めて、最大6票になります。こちらは、まさにお金のかからない（財政支出のいらない）少子化対策にもなるでしょう。

こうして、他の研究室なら、鼻にもかけない学生たちのクレイジーな提言でも一理あると認めて叩き台にして、磨き（研き）をかけて、一瞬でも実現可能性のある夢を見させるのです。但し、結果として習得してもらうのは、結論ではありません。暴論や極論を、一瞬でも実現性が垣間見えるように研きをかけた**攻め**のプロセス、つまり大学時代にしかできない**攻め**た問題解決の思考回路を脳内に残してもらいたいのです。それは、他では味わえない思考実験の経験値であり、論理構築の訓練になるでしょう。最終的には、頭の中がぐるぐる回る（非生産的な）ゲーム脳ではなく、突破力のある（生産的な）**〝打開脳〟**になれば、理想です。

大学で育成する、間違いのない自己肯定感

著者は、生まれながらの社会学者（Natural Born Sociologist）だと自負しております。が、これまで個別の案件、特に社会病理に際しては、勝手にサバイバル心理士（Survival Psychologist）と呼べるような対応をして来たつもりです。結果、心身ともに窮地や逆境に遭っても、適応しては生き残れ、自身でも「間違いのない（健全な）自己肯定感」を維持できたのだと考えています。

サバイバル心理士もそうですが、例えば「あだ名」とは、ラベリングされた本人が嫌がれば、

自己肯定感が殺がれるでしょう。そこで前田研究室のメンバーから、「あだ名」は自己申告制にしてはどうかという理想論が提案されました。しかし、自己申告した「あだ名」など、そう簡単には周囲に定着しないのが現実でしょう。そこで、流行らなければ改名できるようにしました。何度でも「あだ名」の自己申告をトライすることを勧め、教員はファシリテーター（運営係）として定着まで誘導するのです。その過程で、学生は自己演出の能力が向上し、いつか定着する「あだ名」に到達できれば、自己肯定感が達成された一例と言えるでしょう。

　数は少ないですが、成功例を一つを挙げます。10年ほど前、前田ゼミのメンバー、鈴木さんは、ＡＫＢ48ファンの男子。周囲から、オタク呼ばわりされるのを、本人は嫌がり、もっとカッコいい呼ばれ方をしたいと、名前（匿名希望）にちなんでジョージと呼んでくれと提案しました。しかし、まったく定着しません。ジョーでも構わないと妥協案を出しましたが、ますますカッコよくなり誰も呼びません。結局、鈴木としか呼ばれないままでした。ところが、ゼミ発表として研究室でつくる料理をプレゼンテーションした彼は、料理といえばイタリアンが一番で、食材では特にズッキーニが美味しいし、日本のきゅうりより歯触りが良いと力説したのです。ゼミ内ではあまり同調も共感も得られない中、彼は思いあまって、「僕は鈴木やから、ズッキーニの何が悪いねん！」と窮鼠猫を噛むように、わけのわからんことを口走ってしまったのです。すると、他のゼミ生たちから拍手喝采で、置かれた環境に適応した！　ズッキーニという「あだ名」の鈴木さんが誕生（進化）しました。イタリアン命の彼自身も大満足。

しかも、自分でラベリングしたのです。この逸話は、彼自身、就職活動でも面接で披露しては笑いを取り、難関の食品メーカーから内定（さらなる進化）を得ました。

このように、テレビ世代の臨床社会学者を身上としている著者のゼミは、完成度より、スキだらけの話芸で運営しています。そして、学生たちには、ツッコミ（共振）の余地を与える心理戦のような授業を展開しているのでした。メディア論の開祖とみなされることも多いマーシャル・マクルーハンのメディア論では、テレビは受け手の参加度が高い（ツッコみやすい）クール・メディアで、活字は受け手の参加度が低い（ツッコみにくい）ホット・メディアだと示唆されています。その通り、著者の授業は参加度が高い（ツッコみやすい）テレビ的でクールな授業になるでしょう。

誰からも、ツッコミどころのないくらい完成された学説や理論を持つ先生の授業なら、それを（ツッコみにくい）活字というホット・メディアで残して、学生たちはその印刷物を読めば済む話ではないでしょうか。粗削りなライヴで授業をする必要はありません。

コロナ禍のオンライン授業でも著者の『メディア論』は、自身がZoomでライバーとして、時事問題の解決ライヴ（problem solving）を行っていました。もちろん、ツッコミ（＃共振）どころ満載なので、出席も取っていないのに常時7割以上の学生が端末でツッコミを入れ（考え）ていたようです。

著者の場合は、例外的に自著も（ツッコどころ満載の）テレビ的でクールな書物です。

余談ですが、そんな大学教授が提案する大学生への**奨学金**制度は、卒業してから、儲かった人だけが儲かった時期だけ、なん％かを返すリカバリーのシステムが理想です。そして、それがサバイバルの王道ではないでしょうか。株式投資に近い考え方で奨学金を運用できればベターですが、著者の理想、その心意気は「**出世払い**」という日本語の通りです。そして投資であれば、全額回収は求められません。本来、奨学金とは、次世代、延いては日本の将来への投資に他ならないでしょう。

本書の中で、著者がこの先、小さくは「余談」を挟み、大きくは【コラム】を挿入するのにも、理由があります。ＡＤＨＤ（注意欠陥・多動性障がい）の症状を抱える著者は、リニアー（直線的、文章的）な物語を、読むのも話すのも進めるのも苦手でした。よって授業でも同様なのですが、著者にとって情報を伝える文脈は、時折話が縒れる方が自然で、結果、より幅広く不特定多数の聴衆や読者へと、断片だけでもメッセージが届いているのです。つまり本書は、全部理解されるより、少しでも何かを受け取って欲しいと目的を据えた場合、最初からすべてを伝えて、すべてが伝わるとは期待せず、「余談」や【コラム】も入り組んでいる様相の方が、断片的であれ、テレビ（番組）的な印象として受け手に何かが残ると考えているのでした。本書が目指すのは、日本のテレビにおける1960年代からはじまったバラエティ番組のような、なるべく多くの読み手に馴染みやすい構成です。そして、それこそが多様性を重んじる現代に則したハイブリッドな文化研究と言えるのではないでしょうか。

別の角度から、テレビ番組における多様性で、わかりやすい例を一つだけ提言しておきます。NHKの大河ドラマで高視聴率が望める（ニーズが高い）テーマは、もはや戦国時代に限るとなってしまったならば、今後すべての大河ドラマを戦国時代の逸話にしてはどうでしょうか。但し、毎年違う武将の視点（主役）で描くのです。数多いる戦国武将たちの視点で、同じ時代に対して毎年異なる切り口を提供して、勝敗も入れ替わるサバイバル絵巻。例えば、2020年の『麒麟が来る』は、これまであまり良くは描かれてこなかった明智光秀の視点で描かれていたため、信長や秀吉の視点とは違い、見る者も世界観が変わりました。つまり、同時代のあらゆる武将の視点で、多様な世界観を描き、与え続ける大河ドラマとなれば、視聴者に価値観の多様性を認知させる大した意義があると著者は考えています。

さて、『メディア論』の授業で、学生たちからマス・メディアに対する意見を募ると、いつも報道内容への不信が満載です。2020年度は、特に不倫、コロナなどの報道に対する不満が多かったです。そして、学生たちの心中に渦巻いているマスコミ嫌悪は、ネットで横行している〝マスゴミ〟とラベリングするメンタリティでした。それらを、現場の信頼できるテレビディレクターにぶつけると！

「不要不急の不倫報道も、過剰にコロナ危機を煽る報道も、嫌なら見なければいいでしょう。」

という単純明快ながら一理ある答えが返って来ました。ディレクターの発言をなるべく忠実に再録すると以下の通りです。

「誰も見なければ、放送しませんよ。民主主義の日本でしょう。だから視聴率が上がれば、すなわち国民の多数に求められれば、何でも報道しますよ。扇動しているから、誘導しているからと言うのなら、（戦後になって、）独裁者もいないのに、どこの馬の骨とも知れぬマスゴミに扇動され誘導される国民自身の責任でしょう。そして、そんな国民しか養成できなかったのは、あなたたち！による学校教育の責任じゃないですか。

近畿大学の教授なんて、多くても100人単位の学生しか相手にしていないし、要望も聞いていないでしょう。テレビの視聴率は、1％でも取れれば、単純計算して100万人以上の国民の負託に応えているのですよ。そして次週、同じ内容でガクンと視聴率が落ちたら、国民が求めていないとわかるから、もう同様の内容は放送しませんし、できません。」

著者は、この嫌味なテレビディレクターを結構、信頼しています。常に正直な心の内を本音の語り口で述べてくれますし、改めてどんな言い分にも一理あることも教えてくれました。

コロナ禍でも、サバイバル

新型コロナウイルスの危機に瀕した2020年、一定期間は大学のキャンパスも学生の立ち入り禁止となり、対面授業は多くがオンライン授業に切り替わりました。オンライン授業における著者は、Google Classroom で学生たちへ課題を出し、短いレポートの投稿を募り、採用分を次週 Zoom で読み上げては、解説を加える形式を取ったのです。もちろん、提出された案は、没（不採用）でも不可とは評価しません。著者は、人間の出すアイディアに可能な限り一理を認めて、不可にはしたくないのです。人間が前向きに提案する動機づけは、失策への罰則より、得策への評価なのです。

そして多くの事例研究が示すように、すべての投稿にコメントするより、採否の塩梅こそが、やる気（達成動機）を引き出す心理的な手法の一つなのです。原点は、著者の高校時代でした。深夜ラジオの投稿ハガキが、数多の没（不採用）を経て、レギュラー（後述）に採用されるに至った経験値を有する著者です。よって、授業で採用した投稿には、それを選んだヒューリスティックな（経験則に頼った）試行錯誤の採用プロセスまで、オンライン授業では開示したのです。

ウイルス危機以前は、教室で熱いライヴ授業を身上としていた著者。オンラインでは、全編熱いライヴ授業ができないと考えて、投稿→紹介という深夜ラジオみたいな形式を取って、リスナーになる学生たちの共感を呼び起こしたのです。もちろん、学生たちのミニレポートには、どんな内容にも一理あると考えながら、読み込みました。そのサンプルを紹介します。

例えば、飲食業の自粛要請と経済活動の維持という、あっちを立てれば、こっちが立たずのダブルバインドが如き様相に対しては、前田ゼミの学生から単純明快な奇策が提案されました！

「旅行や飲食を値上げすれば！　自然と客は減るので、密は回避できる。でも、客単価は高いので、宿泊施設や飲食店によっては、ある程度のお金が入るでしょう。」

ＧｏＴｏトラベルもＧｏＴｏイートも、価格を割引すれば人出は増えて、感染リスクが高まるのは必然です。それより価格を割増すれば、客の自然減が見込まれ、混雑は回避できるでしょう。代わりに、高機能のコロナ対策を導入して、少数の富裕層に金を使わせられたならば、自由主義市場における（累進課税ならぬ）累進（高額）消費を促す結果になりはしないだろうかという提案でした。実際、２０２１年4月以降、高級ホテルが次々に開業して、高機能のコロナ対策で、富裕層を呼び込む展開を行っています。事業者ごとに、収支がどうなるかは未知数ですが、客単価が上がる分、客数が自然減となるのは確実な一案。もちろん、一理ある提案ですが、正解ではありません。しかし、未曾有の危機、コロナ対策で唯一無比の正解がありえない事態は、どんな意見にも一理あると考えて検討する好機ではないでしょうか。

結果、新型コロナウイルスの危機でも、対応を考える環境があれば、自由にアイディアを出し合うその場こそが有意義な教育現場、研究室になるのです。

但し、人間は社会的な生き物ですから、空気がまったく読めない奴になっては困ります。一人でも多くの人に共感される「間違いのない自己肯定感」を養って欲しいものです。

同様のやり取りは、元大阪府知事で元大阪市長、弁護士の橋下徹さんも、教え子ならぬ実子との間で繰り広げたと、テレビで公言されています。

それは、ＧｏＴｏトラベルに関して、橋下さんがテレビで「高いホテルがいいサービスを提供し、競い合って、皆がクーポン使って行ったらいいやんか」と発言すると、それを見たご長男が「今、コロナの状況で助けなきゃいけないのは、中小の旅館や。コロナ禍で競争を求めたらあかん」と反論されたそうです。すると納得した橋下さんは、次に出たテレビ番組で「中小（企業）を支えていかな」と急に主張を変えたと苦笑いされていました。

橋下家の結論は、前田ゼミで提案されたアイディアとは全く違いますが、コロナ対策に唯一無二の正解などありません。しかし、**どちらも次世代の意見に一理を認める研究室**のようだったという環境づくりが注目すべきポイントで、大切なのです。

フランスの経済学者にして思想家、ジャック・アタリは、合理的利己主義とは利他主義でもあると説いています。例えばサッカーをする場合、自身の活躍でもあるアシストがフォワードのゴールにつながり、チームも勝利すれば、合理的利己主義=利他主義となるのでした。さらにアタリは、楽観主義としてのオプティミズムと自己肯定を意味するポジティヴシンキングを、明確に区別しています。楽観主義としてのオプティミズムは、日本語からも理解できるように、試合を観客として前向きに応援するような姿勢です。対して、自己肯定を意味するポジティヴシンキングとは、試合に出て、選手として前向きにプレーするような姿勢でした。前田研究室や本書で育むべき自己肯定感も、社会の一員としてプレイヤーになり、他者をアシストするなど、前向きに提言するような姿勢をめざしたいのです。

著者自身は、自己中心的な考え方に終始していたアルコール依存症から回復しているおかげで、誰が相手であっても、頭ごなしに否定しなくなりました。現在は、次世代の一理あるところを拾い、伸ばす教育しかして考えていないつもりです。もし否定すべきところがあったとすれば、叱責するより周囲の空気を吸わせて、自分で通じない事、使えない事を分かってもらうのがベターです。

これら「間違いのない自己肯定感」につなげるための教育、支援の方法は、正論が通じない精神疾患であるアルコール依存症の当事者を、至近距離（身近）にいる家族などが支援するためのアプローチ、CRAFT（Community Reinforcement And Family Training）を参考にしています。

現在、アルコール依存症の当事者（断酒7年の回復者）で大学教授の著者に最も多く寄せられる学生からの質問は、大麻の安全性についてです。

違法薬物を使用した有名人が逮捕されても、心身ともに壊れていない姿を見せられると、学生の一部は自分だって使用しても大丈夫なのではないかと錯覚するのでした。大麻に限らず、違法薬物もコントロールできる人が、稀にはいるのかもしれません。しかし、違法薬物を使用し続けていても、心身ともに壊れていない人は、ほんの一部と考えるのが抑止につながるでしょう。つまりコントロールできる人は、オリンピックで言えばメダリストです。だから、テレビでも映されるのです。オリンピックのメダリストをテレビで見たからといって、自分もメダルが取れるとは思わないでしょう。オリンピックに出られないで挫折した選手は、ほとんどがテレビに映されません。違法薬物を使用して、心身ともに著しく健康を害した人は命を落としたり、少なくともテレビには映せない心身の状態なのかもしれないのです。

大麻は、違法薬物への入門を意味するゲートウェイドラッグと言われています。快楽が目的で違法薬物を使う人は、その快楽に飽きたら、次々とより強力な作用があるより違法な薬物に手を出すケースが多いからです。もし本当に入口となっているのであれば、ゲートウェイで止めることが必要でしょう。

そこで著者が考える抑止策は、覚せい剤やコカインなど、重度の薬物使用で心身ともに著しく健康を害した依存症者の中から、大麻使用の経験者には、もしそうであれば「最初は大麻でした！」と正直に言ってもらうのです。これこそ、テレビで報道すれば、若者の心理にもゲートウェイドラッグとしての大麻の怖さが訴えられるでしょう。

しかし、大麻から始めたという重度の薬物依存症者が多くはないと判明した場合は、日本における違法薬物としての大麻の扱いを再考するべきです。

改めて確認します。違法薬物を使っても、心身ともに健常に見える一部の有名人だけを、見栄えがいいからとメディアで取り上げるのは、違法薬物のまん延防止には逆効果です。普段の授業で、学生から「違法薬物やっていても、（捕まった有名人たちは、心身ともに）大丈夫そうじゃないですか。」という素朴な質問を度々受ける著者は、違法薬物反対キャンペーンを実効ある報道に修正するべきだと考えます。

但し、大著『麻薬と人間　１００年の物語――薬物への認識を変える衝撃の真実』（Hari, J.:

Chasing the Scream: The First and Last Days of the War on Drugs, 2020.）で示されているように、違法薬物を使っていても、依存症になって心身ともに破壊される者が、巷間危惧されているよりも少ないのであれば、マス・メディアは現実に照らした薬物の正確な影響を報じるべきでしょう。根本的な解決を図るためです。でなければ、市民はバラバラに自分の誤解と偏見に合った情報しか受け付けません。

悪役にも、一理

若者たちに対しては、社会へのゲートウェイ教育者である大学教授も、より多くの意見、情報に耳を傾け、その中から一理を感知できるセンサーが備わって来れば、最適な情報ソムリエ、情報学者として授業ができるはずです。例えば、ネットに上がっている情報に対して、「こんな意見が多いのか。」と一部を全体と錯覚するのは未熟なリテラシー（読解能力）の顕れでしょう。「こんな意見もあるのか。」と一分の理を認知する（勘所を押さえる）のがセンサーの機能なのです。

さらに国際的に活躍する学者であれば、外交でも常に相手に一理あることを認められれば、多くの案件は衝突を避けられて、紛争回避の世界平和にも役立つでしょう。

常識的には、悪とラベリングされる事態や、それを引き起こす行為者にも、その言い分には一理があるものです。読書が禁じられた世界観を描いたレイ・ブラッドベリの名著『華氏451度』に登場してくる本を燃やす隊長、ベイティー。彼が隊員に向けて突く本質、知性すべてを放置すれば、インテリジェンスのエントロピーが増大する（収拾がつかなくなる）ので、本は焼却すべしと解釈できる説得力にも、一理があると考えてしまう著者です。独裁体制、政治的腐敗、不倫。ニュースで絶対に批判の矢面に晒（さら）されるわかりやすい三例を検証してみましょう。

（1）映画『スター・ウォーズ』で、ダース・ベイダーがフォースの暗黒面を使うのにも、一理あると考えられます。

誰もが知っている映画『スター・ウォーズ』を思い出せば、独裁国家や管理社会にある一理を、具体的な国名を批判せずに考えられます。つまり、映画で当初は、悪の権化として描かれていたダース・ベイダーが、恐怖で宇宙を支配しようとしたのにも、一理があると考えるのです。

映画の舞台でもある宇宙で、あれだけ多種多様な異星人が群雄割拠しているのを野放しにしていては、異星人間の衝突、紛争、戦争も絶えないでしょう。『スター・ウォーズ』に、スピンオフ作品が限りなく作られ、描かれるストーリーはほとんどが争い中心であるのがその証左です。その内容は、日本の戦国時代どころではありません。多くの作品に、弱肉強食、自然淘汰が唯一の摂理であるかのような世界観とそこからの脱却を目指す希望が描かれています。限られた地球上で、同じ人間同士でも、戦争の歴史はなくなりません。さらに際限のない宇宙なら絶望的なくらい戦争が描かれ続けるのも頷けるでしょう。

そのような中で、純粋な理想主義者だったアナキン・スカイウォーカーは、解決策を考えたのではないでしょうか。そして、考えた結果、異星人間の局地戦を無くすためには、強大な力によってすべての異星人の私権を制限し、全体を徹底して統治するしかないという結論に至ったとしても不思議ではありません。その手段として、強大なフォースの暗黒面を使えるダース・ベイダーとなり、異星人すべての心理を恐怖で支配して、宇宙を平定することを目指したとは考えられないでしょうか。『スター・ウォーズ』で、ダース・ベイダーがフォースの暗黒面を使う大義とは、圧倒的な恐怖ですべての異星人を支配して、全体を管理することによって、異星人間の戦争を鎮めるためだったと著者は深読みしています。決して、純愛のアナキン・スカイウォーカーが、パドメ・アミダラとの恋路を成就させる私欲のために、暗黒面に落ちてダース・ベイダーと化したなどという陳腐な理由は考えたくありません。

そして、それは群雄割拠では治まらぬ戦国の世を平定しようとした織田信長の強引な覇権主義や、東アジアで4000年と言われる歴史の果てに一党独裁に近い体制に至った国家像、東南アジアで一部に激しく衝突する少数民族の問題を抱える多民族国家の軍事政権などとして、歴史や現実にも表れて来ました。『スター・ウォーズ』におけるフォースの暗黒面を発動する大義は、中華思想の負の引用に通じる部分もあるのではないでしょうか。実は、ジョージ・ルーカスが『スター・ウォーズ』というオリジナルストーリーを考える前に、映画化しようとしていた原作は、同じ宇宙を舞台にしたアメリカン・コミック『フラッシュ・ゴードン』でした。その中で宇宙の支配を目論むダース・ベイダーに相当する悪の権化は、ミン皇帝という中国人がモチーフだったのです。もちろん、『スター・ウォーズ』にも、ダース・ベイダーの上位に、悪の皇帝は描かれていますが出番は少なく、信長の上位にも帝(みかど)がいたのと同様です。そして、独裁体制で世を治めるため、暗黒面に傾倒していく心理的なメカニズムを説明してくれるのは、もっぱら強権を振るうダース・ベイダーであり、信長でした。

では、ダース・ベイダーや負の歴史が正しいかというと、被害の大きさを考えれば、一分の理を認める事しかできません。しかし、何事も全否定して、全面的に考え方をクラッシュさせるよりは、一部でも理を認めて、共に問題を乗り越えようとする姿勢が、現実的で穏便な問題解決につながるのではないでしょうか。具体的に言うと、例えば日本史においては、戦国時代の覇権主義に一理を認めた上で、結果、穏やかな江戸時代につながるロードマップを分析できれば、泰平への道のり、平和学の一環になるでしょう。

そして、独裁者は一律に悪者かというと、戦国大名は全員が、独裁者とラベリングしても過言ではありません。民主的な手続きで選ばれた戦国大名など思い当たらないでしょう。なのに、現代人が尊敬する人物として挙げられたりしているのです。歴史を振り返れば、戦国大名の独裁的な行いにも、一理があるのではないでしょうか。

この項における最後は、著者の極論です。中華思想には反するかもしれませんが、巨大な多民族国家を、少なくとも表向きは穏やかに収斂させた成功例もあります。ゼロから築き上げた壮大な実験国家、アメリカ合衆国です。州ごとに法律も軍隊も一部を棲み分けながら、外交、安全保障の肝心要は中央政府のグリップを効かせることによって、国全体が戦国時代に陥ることなく、統治が適った国家像ではないでしょうか。歴史的には無理があると言われますが、アジアの超大国が内部矛盾を抱えながら生き残れるヴィジョンは、「中華合衆国」（United States of China）しかないと著者は考えています。

映画界からの余談ですが、1950年代頃までにハリウッドで制作された西部劇で、（征服者が勝手にインド人と勘違いして長らくインディアンと呼ばれていた）先住民たちを騎兵隊が撃ち殺すシーンが、上映禁止や放映禁止になるどころか、未だに開拓者精神として美化されたままのアメリカ文化が残っています。そんなアメリカに一部の民族虐待を糾弾された中国の外交部（外務省）報道官から、人種差別が是正されていないのは、アメリカの方だと反論されるのを目の当たりにすると、どちらの批判も一理あるとしか思えません。

（2）政府が都合の悪い情報を隠すのにも、一理あります。

為政者が情報をセーブする理由の一つは、社会不安を回避するためだとは考えられないでしょうか。国民の不安が積み重なれば、混乱しか起こりません。治安さえ維持されている国であれば、国民の間に不安を引き起こすような情報は、政府が国民を落ち着かせるために抑制していると言えるのかもしれません。知らぬが仏とは、悪いたとえに使われることが多いですが、安心や安寧を担保している意味もあるのではないでしょうか。さらに経済も安定している国であれば、政情不安になって経済も混乱するよりは、生活も落ち着き、保障されているからと世論が無意識で金権政治を受け入れている側面もあるのかもしれないのです。著者は大学院で長年、中国の留学生と意見交換して来た経緯から、この考えを強めています。かつては本国の政治体制に批判的な留学生が大半でしたが、現在は経済的に安定しているので、現政権の欠点より国家体制が変わって混乱することの方が困ると意見を述べる留学生が多いのです。

だから、金権政治や為政者の情報操作が正しいと主張するのではありません。国民の不安や不満を解消するためとはいえ、数字の帳尻を合わせる中国国家統計局のように、操作が過ぎて改ざんになれば、日本では犯罪です。但し、改ざんではなく公表しないだけなら、どうでしょうか。あくまで、理想郷に到達するまでの混乱を避けるために、腐敗しきってはいない政権なら一理を認めて、落ち着いて最善の策を探ろうと言うのです。子どもがテストの点を改ざんしたら、親も怒るべきですが、悪い点のテストを隠すだけなら黙認できると考えてみてはどうでしょうか。子どもが悪い点のテストを隠すことは大罪とは言えず、家庭円満になっていました、著者が子どもの頃の前田家では。

税金も同様にポジティブに考えられます。広く薄く、数％上乗せされる税率なら、報道さえされなければ、多くの国民が自覚できないために、国民感情を逆なですることもないでしょう。消費税は、２％でも３％でも上がれば大きく報道されるため、世論の大反発を食らいます。しかし、東日本大震災の復興税は、まだまだ全国民に課せられているにもかかわらず、ほとんど報道されなくなると是非を問われず、すんなりと続いてゆくのでした。さらに、コロナ対応にも使われる保険料はどんどん上がっていますが、サラリーマンなら天引きされているため、大々的に報道されなければ、国民は無自覚となり、大きな反発を生みません。

つまり、広く薄く、数％上乗せされる税率なら、報道さえされなければ多くの国民は気づかず、実質的な負担のみならず、心理的な負担もほとんどないのが現状です。現実に２０２０年、コロナ禍におけるオンライン授業で、学生にアンケート調査してみると、消費税の減税より全国民への一律現金給付の方が圧倒的に支持されました。個別に質的調査を行い、意見聴取してみると、結果として得する金額の合計より、一回の消費に使えるまとまった金額の給付が、消費の欲求を喚起して、精神的な満足度も高いと回答されるのです。数％の消費税を減税するより、まとまった金が欲しい！が少なくとも若者たちの本音であり、マジョリティでした。実際に世界でも、コロナ対策として２０２０年７月から半年限定、消費税を標準税率19％から16

%に下げたドイツでは、税込表示で消費者に3%値下げが実感できないとの大衆心理から、消費が進む効果は少ないという顛末になりました。

さらに深掘りして、はじめて気づかされる支払いがあります。再生可能エネルギー推進のため、ソーラー、風力、地熱などで発電された電力を電力会社などが固定価格で買い取り、その高価な電気代を、我々電気利用者はすべてに課せられていたのです。再エネに賛同していなくても、「再エネ発電（促進）賦課金」として、これまで平均的な家庭で年1万円超を電力会社に支払っていました。毎月どの家庭にも通知される「電気ご使用量のお知らせ」に書いてあります。しかし、これも滅多に報道されないので、誰も反対しません。アメリカのように国土が広い国は、ソーラーパネルも敷き放題でコストも安いし、欧州のように風向きが一定の土地柄なら、いくらでも風車も設置できるでしょう。狭い島国でパネルを敷き詰める平野もわずかな上、風向きも安定しない日本は、いずれもコストがかかり過ぎることなど、誰も気に留められずに、対価を払わされ続けているのでした。

消費税のような単純な課金は、報道しやすく、反発も起こりやすいので、視聴率が取れるそうです。前出の正直なテレビディレクターが、いつも白状しています。逆に、複雑な課金のからくりは報道しにくく、報道してもわかりにくいので、視聴者が反発する前にチャンネルを変えられるから、報道しなくなるというのが、迷宮入りの現実です。

報道されて、国民の反発を招く事案には、税金の無駄遣いがあります。税金を納めているのは、ほとんどの国民だからです。でも同様の無駄使いは、民間企業にもあるでしょう。民間企業の不要不急の接待費は、税金ではありませんが、国民≒消費者が払った商品代やサービス代に上乗せされているのです。税金のように一律、国民が徴収されているのではないため、反発を買いませんが、よく考えてみると消費しない国民などいないのですから、すべての生産者に無駄遣いを諫めてもおかしくないでしょう。しかし、いちいち報道されなければ、消費者も、接待費を削って、自分が買っている商品やサービスの価格を下げろ！などという怒りには結びつきません。さらに消費者≒国民も、自身が勤めている職場のコピー機を私用に使ったことがないのでしょうか。あれば、代金は小さくても、その会社が売っている商品やサービスの価格に上乗せされているのです。つまり、金額の大小はあっても、職場における無駄遣いのメンタリティは、ほとんどの働いている国民がみんな一緒ではないでしょうか。ちなみに、著者は大学のコピー機を、なんと研究と教育以外に使ったことはありません。私用のコピーは割高になっても、必ずコンビニか自宅のコピー機を自腹で使います。その他、金額の張る研究費も、公私の境界にある対象は、原則自腹で払っています。そこまでして、はじめて税金の無駄遣いを批判する資格が得られるのではないでしょうか。自分のことを棚に上げて、他者を批判する姿勢には、一理もありません。

対して、報道して安心するべきは、国の借金の本質です。コロナ対策などで、大型の財政出動が行われると、国の借金を批判する報道が増えるでしょう。しかし、国家財政と家計簿は、次元が違います。会社の経営者であれば、どんなに順調な会社でも、ある程度借入金が増えることは不思議ではありませんし、成長の為にも不可欠だと理解できるでしょう。そして、ほとんどの先進国は、右肩上がりで借金が増えて行きますが、国が滅びなければ、ネバーエンディングストーリー（終わりなき筋書き）になれるのです。特に日本の場合、国の借金でも、通時的（≒半永久的）に負担が続く社会保障費とは違い、共時的（一時的）な赤字国債は、ほとんどを日本銀行が引き受ける家庭内借金（見方、考え方によれば、プラマイゼロのゼロサムゲーム）です。

余談ですが、前田家では亡き父が、東京で一人暮らししていた著者に対して、35歳で近畿大学文芸学部専任講師に採用されるまで仕送りをしてくれていました。その時の父は、「おまえに支援した金は、滅びゆく親などに返していらん！　その代わり、親から受けた以上の支援を、自分の子どもにできるような親になってくれ！！　それが、前田家の進化や。」と言っていました。精神科医だった亡き父は、現役の時代に、親世代の介護、葬式、（親が死んでからの）遺産などは人類の進化に逆行すると暗示してくれていたのかもしれません。この教えだけは納得した著者です。よって専任講師になった当時、独身でアルコール依存症だった著者は、給料のほとんどを学生との飲み食いに費やし、放課後の意見交換、人生談義を展開していました（拙著『楽天的闘病論』p.105.参照)。そして結婚後、妻の助けでアルコール依存症から回復すると、夫婦で不妊治療をしましたが、子どもには恵まれませんでした。すると、教科書となる単著を執筆しては、これまで印税を一切受け取らず、製作費も一部は自腹を切って、価格をできるだけ安くした書物を、次世代の学生たちに提供し続けて来たのです。

話は家庭から国家のサイズに戻りますが、日本では、外国からの借金もないのに、国の借金をサラ金（消費者金融）と同じように報道して、国民に心理的な負担を強いるのは、いかがなものでしょう。日本という閉じた生態系における家庭内借金であることを丁寧に説明して、家庭円満で長続きさせる心理に導くべきではないでしょうか。

(3) 不倫も場合によっては、夫婦円満の秘訣だという屁理屈にも、一理あります。

すべての不倫、すべての夫婦に適用できる理屈ではありません。しかし、不倫と呼ばれる行為をすることで、後ろめたさを覚える人物であれば、家庭では相手に優しくできるようになり、夫婦関係の潤滑油になると居直る妻や夫がいるのも確かなのです。不倫と呼ばれる行為の後、柄にもなくケーキや花を買って家に帰る場面は、ドラマで描かれる定番でしょう。結果、夫と妻とその恋人、または妻と夫とその恋人、それぞれに三方良しというケースもあるのかもしれません。この場合、不倫とラベリングされる関係も、墓場まで持っていけるのであれば、不倫と呼ばれる関係の存在が夫婦円満の条件となったとも、歴史的には振り返られるのかもしれません。そして歴史といえば、側室は正室の後に出会ったからという理由だけの運命の場合もあり、時間の流れは誰も操作できず、だから結婚した後から出会った相手により強い恋心を抱くのは、誰の責任でもないとは考えられないでしょうか。この考え方から、正室も側室も同様に愛した懐が深い中世の大名のような現代人も、男女を問わず稀にはいるのかもしれません。

国際政治学者の三浦瑠璃さんは、テレビでよく夫婦関係を、4階の建築物にたとえています。1階は、経済と生活基盤の共有。2階は、（子どもがいる場合、）親としての責任感の共有。3階は、親友の関係。ようやく4階に、性的な関係。よって、4階は不確定でも、3階までが盤石であれば家屋が崩れません。つまり、4階の性的な関係だけの不倫であれば、夫婦関係は壊れないケースも考えられるのでした。

しかしどのような不倫でも、露呈したら断罪されるべき立場もあります。不倫がバレる＝危機管理能力がないとみなされる職業です。例えば、国政を担う政治家や官僚などは、不倫も隠し通せないのであれば、全国民は安心して、国家機密など任せられないでしょう。実際に、某国のハニートラップに引っかかり、国家機密を漏らしたとされる人気者の総理はリカバーできずに、引退後、早々に天に召されました。

ここで、ひと息。日本のプロ野球で名選手にして名監督という奇特な人材であった落合博満さんは、自著の「少数意見をどうとらえるか」の項で、延長戦を無制限にする案を出しています。

「終電を過ぎれば、観客の帰途が心配だという人がいる。だが、予め延長が無制限だと分かっていれば、何らかの対策は各々で立ててくれるはずだ。（中略）帰らなければならない人は帰るし、歴史的な試合だと観戦を続ける人もいる。そこは観客に任せればいいのではないか。

（中略）

これが正しいかどうか、ファンに受け入れられるかどうかを検討する以前に、『落合が面倒なことを言っている』と見過ごしていては、プロ野球界の発展は望めないだろう。」

（『決断＝実行』pp.44-45.）

落合さんが触れているのは、まさに一理ある提案をめぐるフロントとの心理戦で、それをメディアでぶちまけるのが、彼一流の行動科学でしょう。だから著者は、特に監督になってからの落合さんがテレビに出る度に、その言動に着目しています。

そして、すべてを観客にまかせるという落合さんの型破りとも思えるが、考えさせられる提案は、この章最後の「番外編（キラーワード！「おまかせ」サバイバル）」にも通じます。

このように、病める社会の中では、他愛もない問題解決のエピソードでも、一理をめぐる感受性は研けます。

近畿大学文芸学部で1年生対象の『基礎ゼミ』におけるワンシーンです。犬なら柴犬が好きな著者と愛玩犬を飼っている新入生との間で展開された、それこそ他愛もない質疑応答です。

前田「（猫派ではなく、）犬派の人は、何を飼っていますか？」

学生「トイプードルです。」

前田「トイプードルって、ミスタードーナツでも売ってそう（な形状）やん！」

学生「気がつきませんでした。」

トイプードルをドーナツになぞらえた著者に一理があると言っているのではありません。お互い、猜疑心のかけらもない素直な会話のキャッチボール（共振）に注目して欲しいのです。この会話を、バカみたいと断じる心では、どんな意見に対してでも、一理を認める気づきは研かれません。

また、どんな間違い、特にケアレスミスにも、一理があるはずだと著者はセンサーを働かせます。

著者は、大学院生の「直観」を、「直感」と書き間違えた答案から、論理的な理解力を指す直観のリテラシー（≒読解力）を超えた、感づく〈直感〉のセンサー概念（適応性無意識の発動）を思いつきました（拙著『パンク社会学』pp.10-14.参照）。まさに、センサーという感受性に気づいた瞬間です。

天才棋士と謳われる羽生善治さんは、「直感の7割は正しい」と喝破していました。武術の達人も、相手の出方を読んでいたら負けると言い切ります。読んでいる瞬間に殺られるからだと断じるのです。つまり、生きるか死ぬかの瀬戸際では、万事、読む前に違和感や気配を感知して、その兆し（きざ）に対応できなければ、生き残れないのです。さらに、一本背負いを最強の技として名伯楽にもなった柔道家も生前、相手の間に入ったら、もう投げていると、センサーのありかを言語化されていたようです。つまり危機に瀕して、頭で考えているようでは生き残れません。劇画『北斗の拳』で、ケンシロウが敵と相まみえた瞬間の決めゼリフ「おまえはもう死んでいる。」も、あながちフィクションではないのでしょう。

未知の危機対応には、訓練が必要な形式知（Explicit Knowledge）による読解能力より、本能を呼び起こすような暗黙知（Tacit Knowledge）による〈直感〉（適応性無意識の発動）が必要なケースは多々あります。それをメディア論の文脈で探れば、例えばネットにあふれる玉石混交の情報の渦から、検証する時間のない中、即座に真偽を見分ける能力は直観ではなく、〈直感〉と呼べるのではないでしょうか（拙著『パンク社会学』pp.12-15.参照）。

心理学者、マリウス・アシャーが一般人に、大量で暗算不可能な計算結果の大小を、〈直感〉で答えてもらう実験（2012）を行ったところ、およそ9割が正解していたと言います。

次世代に、一理を認める（新入生、大学1年生対象）

メディア論が表看板の前田研究室では、学生たちに「メディアで未解決の社会問題」を見つけては問題提起してもらった上で、「独自の解決策」を発表（problem solving）してもらいます。それは、学習を前提として得られた結晶性知能（crystallized intelligence）を使うというよりも、〈直感〉に頼って即興で適性の解を導く流動性知能（fluid intelligence）を駆使するような作業です。よって著者は、学生からどんな未熟な解決策が示されても、全否定することはありません。必ず、一理を認めた上で、（著者の期待に応えてもらう）ピグマリオン効果を期待して、次善の策や善後策へと展開させてみるのです。そして、いつの日か、病める社会で適中したアイディアが、最善の策だったと言えることを願っています。

このような考え方が湧いてきた背景には、著者の大学受験における経験値がありました。浪人時の1983年に受けた日本大学芸術学部放送学科での出来事です。筆記試験の一次は合格して、最終面接の口頭試問での体験が後に活きています。最終面接で、最近、関心のあったニュースは？　と聞かれて、田中角栄の論告求刑と答えた著者。すると面接官が、どう思った？　と聞くので、何も思わなかったと答えた著者は、そんなことではジャーナリスト失格だと断罪されました。そうでしょうか。何も感じないのは健全な批評精神の一つであり、民衆理性にも値すると思いながら引き下がった記憶があります。ジャーナリストの辛坊治郎さんも、2021年9月、ヨットでの太平洋単独無寄港往復横断に成功した直後に出演した報道バラエティ番組で、「皆さん、たいていのニュースは人生に関係ないですよ！」と達観されています。さらに入試では面接官が、将来どんな番組をつくりたいか？　と聞いてくるので、『オレたちひょうきん族』のような芸術作品をつくりたいですと答えると、ひょうきん族は芸術じゃないよと、これまた一笑に付されました。注：確かに笑いは取れましたが。

しかし、著者は当時から、お笑いとは人間ならではの共感できる芸術であり、バラエティ番組こそが総合芸術の極みだと考えていました。そして、芸術かどうかは、見る者が決めることではないかと単純に憤りを覚えて、面接を終えたのを昨日のことのように鮮明に覚えています。現在指導している大学生と変わらぬ歳の頃、著者は現在と同じような批評精神を持っていたのです。ところが残念なことに、大学入試の時には、面接官に反論する表現の術、言葉を知らなかったのです。ですから、現在の学生から投稿される未熟な提案も、決して全面的に却下はしません。提案を、著者の語彙力で展開して、学生たちの思考の奥底に燻（くすぶ）っている批評精神を引き出すことが、大学教育だと勝手に心得ているのでした。

19歳の著者は、日芸の放送学科も最終面接で落ちました。しかし、この時の面接官の顔は忘れていません。なんと後に高名なマスコミ研究者だとわかり、著者が研究者デビュー（学会発表）をした1993年の日本マス・コミュニケーション学会大会で再会したのです。お相手の先生は19歳だった著者のことなど覚えていらっしゃらないでしょうが、著者による「受け手の自律性」についての学会発表を聴いて頂けただけで、溜飲が下がりました。悔しい思いをした面接から、ちょうど10年後です！　運命とはおもしろいものです。だから、どんなに苦境や逆境に追い込まれても、生きるのを止めたら、もったいないと大学では学生たちに伝えています。どこに逆転の運命が待っているかわからないのですから。

コロナ禍における2020年度のオンライン授業で、特に少人数のゼミと大学院はZoomを使用しながらも、ここでしか言えない話をするSNS、（一過性でしたが、）Clubhouseのような運営で、ココだけの解決策を出し合っていました。

以降、1〜4年生、大学院生、留学生の投稿や提案は、匿名を条件に公開の許諾を得た実例です。問題提起と解決策は、未熟でも、なるべく学生から投稿された原文のまま再録しました。

●問題提起「領土問題」

●解決策「2国でもめているなら、半分ずつにする。」（文化・歴史学科1年）

▼著者による展開

「2002年（1年生は生まれたて！）、サッカーのワールドカップは、FIFA（国際サッカー連盟）のルールを曲げてまで、日韓共催で行いました。現在、学生の皆さんが知っている日韓関係は最悪でしょうが、日韓共催の当時は、役割を分け合って良好な関係を維持していたのです。よって、2国間に紛争地があるのであれば、そこで世界が注目するイベントを共催できれば、両国にとって得策となり、あらゆる権利も折半できる可能性が生まれるかもしれません。」

●問題提起「職場のパワハラやセクハラ」

●解決策「社内の誰かではなく、第三者が確認する。」（文化・歴史学科1年）

▼著者による展開

「第三者は、人である必要はないでしょう。ハラスメントの確認など、誰もやりたがらないから。例えば、ハラスメントの膨大なデータを学習した高度なAI（Artificial intelligence：人工知能）スピーカーを、職場に置いて、音声からパワハラ、セクハラを認定するのはどうでしょうか。認定と同時に、まずは大音量でサイレンでも鳴らせば！　重大なハラスメント事件に発展する前に、抑止力を発揮するでしょう。」

●問題提起「外食産業における食品ロス」

●解決策「食べ残しを持って帰れるようにする。」（文化・歴史学科1年）

▼著者による展開

「スポーツの世界大会において、ゴミ袋持参でスタジアムのゴミを持ち帰る日本人観客の姿が、YouTubeで世界に配信されると、その倫理観は世界中で賞賛されました。それと同様に、自己責任の証としてタッパー持参（＊1）で、お店の食べ残しを持ち帰る日本人の動画を世界配信して、世界で賞賛されれば、自然と問題なく、食べ残しの持ち帰り文化（＊2）が広まるのではないしょうか。ゴミ出しへの批判より、ゴミ回収への賞賛が、無理なく自然と、人間の前向きな行動を促すのです。」

＊1　お店が持ち帰りを嫌うのは、食品劣化や悪化によって店の責任を問われるケースがあるからです。持ち帰る客が自己責任を明示できていれば、問題ありません。

＊2　豊かさの象徴にもなるため、残すのが美徳として長年、料理の浪費大国で国別食糧廃棄量ランキングが世界一にもなった中国。しかし、現在は国を挙げて、店での食べ残しには罰金を科し（反食品浪費法）、料理の持ち帰りを進めています。著者は、国家による管理の下、法律で罰則を科すのではなく、日本人観客のゴミ持ち帰りのように、ボランタリー（自発的）な意識の改革による食べ残しの持ち帰りが、個々人のポリシーとしては自然に定着して、長続きすると期待しています。そして実はですが、国民一人当たりの食品廃棄物発生量は、日

本や中国より、欧米の方が多いのでした。世界は、計算の仕方で、自国に有利な情報しか出さないので注意しましょう。

●問題提起「自殺者の増加」
●解決策「精神科を増やす。」（文化・歴史学科1年）
▼著者による展開
「日本で精神科に通院すると、未だに周りから『頭がおかしくなった』などと後ろ指をさされることが多いのです。そのために、精神科に通院するハードルが高いのが、日本。

欧米のセレブには、身体のかかりつけ医がいるのと同様に、心のかかりつけ医として、精神科医がいるのが当たり前です。日本でも、悩めるインフルエンサーがSNSでかかりつけの精神科を公表して、心のかかりつけ医としての精神科医を定着させるのが理想です。」

●問題提起「特殊詐欺」
●解決策「（犯人を）逮捕したら、他の（健全な）職業訓練を受けさせる。」（文化・歴史学科1年）
▼著者による展開
「罰しても再犯を繰り返す詐欺の常習犯は、詐欺でしか稼げない（満足できない）依存症の

可能性があります。犯罪は断罪するべきですが、依存症ならいくら罰しても、病気は治らず再犯して、さらなる被害者を出すでしょう。これ以上、被害者を出さないためにも、詐欺が依存症なら、治療しなければなりません。但し、依存症の完治は難しいので、一般的な職業訓練よりも、詐欺的な能力を活かせる他の健全な職業に転職させるのがベターではないでしょうか。

例えば、外交や貿易におけるタフ・ネゴシエーター（手ごわい交渉人）の仕事。日本人の多くが不得手な交渉人になって、タフな外国人との取引でも日本側を有利に導いてもらうニーズはあります。

高度なクラッカー（ネットワークの犯罪者）を捕捉したアメリカの政府や国防省が、ホワイトハッカー（セキュリティ対策の達人）に転用するのと同様の考え方です。」

●問題提起「引きこもりを悪いと決めつける学校」

●解決策「情報通信技術が発達して、部屋から外部につながれるため、引きこもり＝外部と隔絶ではない。」（文化・歴史学科1年）

▼著者による展開

「生き物の行動範囲なんて千差万別で、その進歩にも正解などありません。

人類は、交通機関を発達させたから、肉体的な行動範囲が広がりました。しかし電子ネットを発達させたら、今度は精神的な行動範囲が無限大になるでしょう。テレワークが可能であれば、部屋に引きこもっても、進歩した社会人として活躍することも、社会貢献することもできるでしょう。」

他分野他専攻の一理にも、耳を傾ける（大学2年生以上対象）

◎講義科目『メディア論』

2020年度、コロナ禍におけるオンライン授業の講義科目は、まずリスナーである学生たちから、Google Classroom に課題を投稿してもらいます。翌週の Zoom で、著者がライバーとなって、採用した投稿（共有すべき内容）を匿名で読み上げながら、解説を加える方式を取っていました。

学生が前向きに課題提出する動機づけは、失策を添削するより、得策を引き上げる（発展させる）授業だと著者は考えています。もちろん、このような授業方法が唯一無二の正解ではありません。でも、10人の教員がいたら10通りの授業法、10通りの評価基準があってこそ、まったく新しい研究成果を生み出す最高学府のありようではないでしょうか。それが大学における多様性の保障です。

平等公平の名のもとに、画一化した授業と同じ基準で評価されるのは義務教育までで十分です。大学においてまで指導要領と採点基準が明文化されたら、全体主義の研究機構になってしまいます。そこに、イノベーション（革新的な研究成果）など生まれません。勉強ではなく、研究には全体主義など相容（あいい）れないでしょう。著者は、最高学府の授業内容に、アナーキーなまでの多様性を望みます。

●問題提起「不倫した渡部さんを、芸能記者が囲み会見によって吊るしあげたのは良くない。」

●解決策「妻の佐々木希さんを会見の場に登場させ、目の前で本当に反省しているかを確認させる。」（芸術学科2年）

▼著者による展開

「確かに、イスラム文化圏の一部には、裁判に代わり、衆人環視の場で、加害者が被害者またはその家族に謝罪して、反省を述べて許しを請い、被害者またはその家族が許したら、幕引きという劇場型の決着を図る風習もありました。」

●問題提起「アメリカ大統領選の報道では、CNNなどのマスコミが意外に論調一致（バイデン支持）で、（中国の）共産党支配と同じような感じがしている。日本でも大統領選に関してマスコミの論調と違う発言（トランプ擁護）をしたコメンテーターが降板するしかなかった（cancelling）など、流れが一方的。」

●解決策「（大統領候補に関する）多元化的な報道。」（海外からの留学生）

▼著者による展開

「（当該の留学生とメッセージ交換して、真意を確認した上で、）プーチンや習近平というモンスター（ゴジラ）に立ち向かうには、ゴジラ対キングコングという構図しかないという見方もあります。日本のゴジラ映画の筋書きでも、最強のゴジラに対しては、暴君のキングコング（≒トランプ）ならコング優勢、紳士淑女のモスラ（≒バイデン）では、ゴジラに敵わなかったのです。」

問題提起と解決策を投稿した留学生は、著者による展開にZoom画面で拍手をくれました。

●問題提起「戦争」

●解決策「武器などで戦闘をするのではなく、映画『ウエストサイド物語』でストリート・ギャングたちがダンスで決着をつけたように、戦闘機アクロバットパフォーマンスなどで勝敗をつけたら良いと思う。」（文化デザイン学科2年）

▼著者による展開

「元々、戦車の技術転用だったお掃除ロボット、ルンバで地上戦ゲーム。元々、無人爆撃機の技術転用だったドローンで空中戦ゲーム。最終的には、戦争ゲームのeスポーツをオリンピック種目にして、シミュレーションが平和裏の紛争決着になれば、一つの理想です。」

●問題提起「白人警官による、黒人容疑者の殺害事件」
●解決策「黒人容疑者は、黒人警官に逮捕させる。」（文学科日本文学専攻2年）
▼著者による展開
「こういう単純化した発想は、（入試の面接などでは、即却下されそうですが、）意外と本質を突いています。確かに、人種の区別は簡単ではありません。しかし、大まかでも警官の人種分布に社会の人種分布を反映させて、犯人ごとに対応できたら、逮捕劇の結果も変わってくるかもしれません。もちろん、その先の司法制度においても、陪審員の人種構成を同様に、偏りのない反映が必要でしょう。それは、アファーマティブ・アクション（affirmative action：積極的に差別を是正する措置）という考え方（＊1）と同じです。」

＊1　国会議員の女性比率を全人口の比率に近づける法制度やアメリカの大学で学生の人種比率を全人口の比率に近づける制度。

●問題提起「旅行業界、飲食業界の人々もＧｏＴｏキャンペーンに関係なく生活を立て直す問題」
●解決策「コロナ禍の今、経済を安定させるためには、政治体制はそのまま、一時的に社会主義経済を導入する必要があるのではないだろうか。つまり有事にのみ、中国のような計画経済にする。」（文化・歴史学科2年）

▼著者による展開

「コロナ禍が収束するまで、時限立法または臨時法で、累進課税や社会保障を強化することは可能でしょう。

また、有事（特に災害）の際は、個々人（特に被害に遭った人）の体験談を聴くことが大義であるようなメディアの姿勢が目につきますが、必ずしも有効だとは言えません。人間の体験談は、感情に左右されるため、個々人の感情を尊重すれば右往左往するだけで、多くの国民を救う危機管理ができないこともあるでしょう。個々人の体験談は歴史にして、有事の危機対応は、学生からのドラスティック（劇的）な提案のように、政治が法の運用などで一気に進めるべきかもしれません。」

●問題提起「選択的夫婦別姓」

●解決策「2つ姓を持つことを許可する解決策を考える。役所などへの文書には自分の枠にだけ両方の苗字を書き、その他のシーンではその場によって本人が使い分ける。子どもはどちらの姓を選んでも、両親ともに2つ苗字があるので、どちらかの苗字とは違う事態は防ぐことができるのではないかと考えた。」（文化・歴史学科3年）

▼著者による展開

「ちょっとわかりにくい提案ですが、日本人でも外国人と結婚した場合は、日本国内で夫婦別姓が認められていますし、欧米のミドルネームなども参考に応用できるでしょう。そして今回の提案は、二択の組み合わせなので、どのような選択をしようが、キラキラネームの改名より臨機応変に運用でき、柔軟に対応できるでしょう。」

就活生の一理を、発展させる（大学3年生以上対象）

◎正規の前田ゼミ（3年）
●問題提起「選択的夫婦別姓の問題」
●解決策「どちらかの姓にするのではなく、例えば夫の苗字が山本、妻の苗字が井上であれば、夫と妻のそれぞれの苗字を取って、山上と新しい姓をつける。」（文化・歴史学科3年）
▼著者による展開
「この奇策、理屈抜きで好きです。前田ゼミでしか、許されません。

この折衷案は、学生から領土問題の提起があった際、引き合いに出した2002年のサッカーワールドカップが、FIFA（国際サッカー連盟）のルールを曲げてまで、日韓共催で行った成功例と同様の考え方でしょう。

折衷姓の結果、狭い日本列島で、墓終い（じまい）するきっかけにもできるでしょうし、人生をリスタートするためには、適格な選択肢の一つにもなるかもしれません。そしてSNSで、インフルエンサーのカップルがはじめでもしたら、定着するかもしれません。」

●問題提起「知事などの公用車が高級車。」

●解決策「高くても、電気自動車などの環境に優しい車を使う。」（文化・歴史学科3年）

▼著者による展開

「問題を否定するのではなく、改善策を提案しているは、就活のグループディスカッションでも評価されるでしょう。

この問題提起の場合、確かに高級な電気自動車でも、運転時の脱炭素をPRするなど大義が伝わり、費用対効果が納得されれば、市民にも許容されるはずです。」

●問題提起「〈2025年問題〉第1次ベビーブームだった団塊の世代が、75歳以上の後期高齢者になって！　介護の分野で人手不足。」

●解決策「若い世代のうちに健康意識を確立することで、介護難民の減少を促す。」（文化・歴史学科3年）

▼著者による展開

「若い世代のうちに介護職を担えば、ポイントが貯まり、自分が介護を必要とした時、優先的に使えるようにすれば、自然に介護の好循環社会にできるでしょう。」

●問題提起「香川県のネット・ゲーム依存症対策条例」
●解決策「習い事のお金を助成するなど、ゲーム以外の時間を増やすような働きかけをする方が建設的。」（文化・歴史学科3年）
▼著者による展開
「習い事をやりたい子には助成し、やりたい習い事がなければ、英単語を覚えるニンテンドーDSなど、今やらなければならないことをゲーム化で代替（ゲーミフィケーション）して、欲求の矛先を健全に誘導・移行させることも可能でしょう。

さらに世界規模では、ロールプレイングゲームやオンラインゲームのマニアであり達人たちがネット上の情報をしらみつぶしに調査（オープンソース・インベスティゲーション）して、2014年7月に起きたウクライナ上空でのマレーシア航空機撃墜事件の真相を突き止めるなど社会貢献しています。これらは、有意義な目的を再設定することにより、目的化（依存）していたゲームの操作術を、手段に戻した成果なのです。」（拙著『パンク社会学』pp.152-161.参照）

●問題提起「新型コロナによる死者数より、自殺者数が上回る危険性」
●解決策「〈ノーコロナデー〉と称し、コロナについてテレビで全く報道しない日を1日くら

い設定してもいいのではないか。」（文化・歴史学科3年）

▼著者による展開

「（2020年現在、）日本の感染者数と死者数は、欧米なら収束とみなされ、ニュースにもならない数でしょう。よって、1日10万人単位で感染者が出て、1万人単位で死者が出ていた！ 欧米諸国のグラフに、同時期の日本の感染者数と死者数を合わせて示せば、日本のグラフは見えないくらいです。

ところが、多くの報道番組で、欧米と日本の折れ線グラフを比較する時、感染者数のタテ軸はメモリ幅を合わせず、時間経過を表すヨコ軸のメモリ幅だけ合わせて、感染者増減の波の形だけを重ねています。折れ線グラフの波の形だけなら、欧米と同じ上下に見えます。

視聴者の多くは、日本も欧米並みの感染拡大だと錯覚して、パニックになるでしょう。完全なる**印象操作**で、統計学、統計上の異常なルール違反です。正しく、感染者数のタテ軸のメモリ幅を、欧米と日本で合わせてみると、日本の折れ線グラフは底辺にしかなく、波形すら見えません。よって、感染者数を示すタテ軸のメモリ幅を合わせた欧米と日本の折れ線グラフを、常に比較していれば、波形すら見えない日本の感染状況に冷静な対応を考えられるはずです。」

●問題提起「最近、交番の前に指名手配の張り紙を見て感じたことだが、殺人などを起こした人が普通に暮らしているのはおかしい。」

●解決策「生まれたときにDNAを全員が登録すれば犯罪の抑制にもなるし、犯人が捕まる可能性も高くなると思います。また、冤罪もなくなる。」（文化・歴史学科3年）

▼著者による展開

「日本の現行憲法下では、国家による全国民のDNA登録は、プライバシー侵害に当たると考えられる可能性が高いため、強制は難しいでしょう。よって、まずは希望者からDNA登録できるようにするのです。そのメリットとしてDNA登録した国民の信用度が上がり、就職や結婚も有利になることが浸透すれば、自然に広まるでしょう。

国民総背番号制による国家の国民管理はプライバシーの侵害だと、あれだけ反対論が多かったマイナンバーカードも、カードがあれば簡単に補助金や助成金がもらえるとなったら、今や市役所は申請者で三密です。人間、強制するより、お得にするのが確実な動機づけとなり、行動原理になるのでした。」

●問題提起「現在、性交直後の服用で妊娠を防ぐ『緊急避妊薬』は、医師の処方箋なく購入する事ができない。」

●解決策「処方箋なく薬局で購入できると、望まぬ妊娠のリスクから女性を守る〈最後のとりで〉となり、性暴力を含め、妊娠に不安を抱えた女性が減少すると考える。」（文化・歴史学科3年）

▼著者による展開
「妊娠に関しては、（男性ではなく、）女性のリスクが格段に大きい。よって、妊娠を左右する案件の決定権は、女性に委ねるべきでしょう。

男性が、『緊急避妊薬』＝性の乱れを許容すると批判するのは、内政干渉ならぬ、女性干渉です。男性側の意見はあくまで当事者外の参考程度であり、妊娠する女性だけの世論を優先させるのが正論でしょう。」

若手研究者の一理も、進歩させる（大学院修士課程対象）

◎大学院総合文化研究科文化・社会学専攻
●問題提起「日本では、交通事故の割合が、65歳以上で55％と増えている」
●解決策「運転免許の交付に年齢制限を設ける。そして、例えば市町村が主体となる自家用有償運送、配車アプリなどを活用する。」（文化・社会学専攻 社会学コース1年、中国からの留学生）
▼著者による展開
「心身共に機能が備わる平均値とみなされる18歳までは、免許が取れないのだから、心身共に機能が衰える平均値とみなせる75歳くらい（後期高齢者）で、免許を返納してもらう制度

は、道理に適うでしょう。

そして、18歳未満が通学できていた交通手段があれば、生活にも支障がないはずです。

但し理想は、高齢者に、普段の行動履歴を入力した自動運転車を配備することでしょう。」

●問題提起「日本の大学は、平均的学力水準を向上させるための画一的な教育プログラムが敷かれていたため、卓越した人材を十分に育成できない。結果、若者たちは没個性。」

●解決策「教育変革を行い、授業の多様性を試す。」（文化・社会学専攻　社会学コース1年、中国からの留学生）

▼著者による展開

「大学の卒業要件は、単位数のみ（合計○○単位以上）にしてはどうでしょう。

授業の履修は、バイキング方式で、好きな科目を好きなだけ履修できるようにするのです。

極論ですが、嫌な科目は全く取らず、好きな科目ばっかり取り、単位数だけは揃えて卒業できた学生がいても独自の学びで、キャラクターを強調できるでしょう。そして、偏った履修の理由と成果を説明して、1人でも教員を納得させられるだけの説得力が備われば、少なくとも著者には、まったく新しい研究者の卵だと評価できます。」

【コラム】間違いだらけの就職活動

資格は取るだけで、履歴書に書ければ有効なのではありません。どんな資格でもいいので、何に使えるかを説明できなければ、使えない人で役立たずになりかねないのです。

例えば、なぜか未だに女子は多くが取りたがる秘書検定ですが、何級でも構いません。そして資格に、男女なども問いません。誰が取った資格であれ、どんな場面で使えたかを説明できて、はじめて即戦力として採用側にアピールできるのです。具体的に言うと、「秘書検定で学んだ上座・下座の着席位置など、立場のポジショニングが、結婚式やお葬式の場面で使えました。（例：祖父の葬儀で、）お世話になった立場の違う様々な方々が次々にいらっしゃった時に、○○のようにして誘導できたのです。さらに右往左往する家族の立ち位置を△△のようにして差配でき、家族から感謝されました。」などと説明できると、誰もが本当に資格が活用できたエピソードだと評価してくれるでしょう。面接においても、資格を活かせる即戦力だと採用側が納得してくれるはずです。

また、ES（エントリーシート）に書くガクチカ（学生時代に力を入れたこと）も、何に力を入れてもいいのです。但し、入れた力の大きさ、努力が重要なのではありません。何でもいいので、力を入れた結果、こういう事ができるスキルを身に着けたとアピールして、はじめて即戦力として採用側は評価してくれるのです。間違っても、めちゃめちゃ努力したことだけを力説しすぎて！　採用側から、「それで、何ができるようになったの？」などとツッコまれるようでは、空回りして使えない人材という評価になります。

つまり、すべての項目は、端的に言うと「○○をしたので、（自分には）△△ができます。」と使える経験値をアピールできなければ、採用側には評価してもらえません。これ以上は、近畿大学文芸学部キャリア支援委員会副委員長としてのいわゆる企業秘密なので、近大生に直接指導します。ちなみに著者は、アルコール依存症から回復したことにより、「手段」と「目的」を明確に峻別（しゅんべつ）できる思考力が身に付きました。（拙著『パンク社会学』pp.152-163.「手段が目的化（自動化）したら！依存症を疑え!!」参照）

●問題提起「日本における言語教育の『会話』を絶対視する風潮からの脱却。」

●解決策「英語を何かの〈手段〉として理解し、〈目的〉とならないような施策を提案する。具体的には、英語を選択科目化することで、『何のために英語を学ぶのか』（＝〈目的〉）を可視化することで、これを〈手段〉化したい。」（文化・社会学専攻　現代文化学コース1年）

▼著者による展開

「〈手段〉が〈目的〉化したら、依存症の疑いがあります。心身を痛めるまでの受験の猛勉強や部活の猛練習も、同様です。

正すには、健全な〈目的〉を再設定して、〈目的〉化した〈手段〉を、健全な〈目的〉のための〈手段〉に戻しましょう。

そして、〈手段〉としての英会話なら、ポケトーク（携帯自動翻訳機）でも構いません。計算が〈目的〉ではなく、〈手段〉になった時、そろばんから電卓に計算するメディアが変わったのと同様のパラダイムシフトです。」

●問題提起「異性愛者側が同性愛者の権利を認めるという不平等な関係。また、シングルである個人は、未（非）婚者として、納税システムなどにおいて不利益。」

●解決策「『結婚』制度を無くす。」（文化・社会学専攻　現代文化学コース1年）

▼著者による展開

「血縁なき関係は、すべて契約という関係にするのも一案です。

契約によっては、不倫というラベリングもなくなり、現行のままで天皇制を存続させるとしたら、後継ぎの可能性も拡がるでしょう。

但し、制度を変えられるまでは、運用で乗り切れる事案もあると考えます。例えば、日本国憲法では、結婚の前提条件が『両性の合意』とされていますが、男性と男性、女性と女性でも、性が2人でしょう。ならば、どのような組み合わせであろうが、両性の合意と拡大解釈が可能だと思います。日本国憲法は解釈の変更を繰り返し、現状の問題に適応させて、改憲せずに生き残って来られたのですから。」

番外編（キラーワード！「おまかせ」サバイバル）

フェイクニュースが取沙汰されている昨今、デマを信じて問題提起を行う学生もいます。それでも一理あると考えるべきなのでしょうか。

デマ研究の草分け社会心理学者、G・W・オルポートは、重要だけれども曖昧な情報こそが、最も多くデマとして乱れ飛ぶと考えていました。そんな社会不安の最中に、学生たちが問題提起してくれた重要かつ曖昧な情報を例証してみます。

「9・11テロは、アメリカ政府の自作自演である。」
「5Gの普及で、強力な電波により脳が破壊される。」
「水道事業が民営化されると、水質が悪化して、殺人アメーバが蔓延る。」

こんな荒唐無稽な陰謀論やフェイクニュースは、否定しないでどうするのかと思われるかもしれません。しかし、純粋な次世代たちは全否定されると心を閉じてしまうケースも多いのです。特にコロナ禍で生じる不安や不満を無理やり収束させ、納得させるための「認知バイアス」も働きます。それこそ無理に否定すると、逆に意固地にさせてしまう「バックファイア効果」を生みかねません。

ここは、自分で間違いに気づいてもらうしかありません。どうやって？　これが意外と簡単なのです。

学生Ａ「９・11テロは、アメリカ政府が、自国民を団結させるために行った自作自演の事件だという考えが、一番説得力があると思うのですが。」

著者（否定せず、）「ホンマか。（真相の解明は、）君にまかせる！」

学生Ａ「はい！　わかりました!!」

学生Ｂ「５Ｇの基地がそこら中に出来て、強力な電波が飛び交ったら、人間の脳は破壊されちゃうらしいですよ。」

著者（否定せず、）「ホンマか。（真相の解明は、）君にまかせる！」

学生Ｂ「はい！　わかりました!!」

学生Ｃ「アメリカ西海岸などでは、水道局が民営化され、公衆衛生より利益優先になって、水道管で殺人アメーバが繁殖しているという情報があります。」
著者（否定せず、）「ホンマか。（真相の解明は、）君にまかせる！」
学生C「はい！　わかりました‼」

いずれも著者は否定せず、単純に解明と結論を問題提起者の学生にまかせています。そして、これがオンライン授業の意外な効用なのですが、対面ではなくZoomを挟んで以上のやり取りを行うと、（ウルトラ警備隊の）司令官と隊員のような門切り型の（芝居がかった）応答となるのです。

結果、いずれのケースも、「はい！　わかりました‼」と素直に答えてくれた近畿大学の学生たちは、必ず全員が、次回の授業では、エビデンス（根拠）が見つからなかったと問題提起者自身で、フェイクを否定した報告をしてくれるのでした。

他愛もないことだと思われるかもしれません。でも、研究の府では、キラーワード！「まかせる」っていう信頼の一言で、間違いのない（健全な）自己肯定感を育成できる場合もあるのです。そしてさらに、真実や真理の探究も進みます。

もしも、真っ向から否定すると、精神的に弱い学生なら心を閉ざしてしまい、逆に精神的に強い学生が相手なら言い争いになり、根拠が見つからない問題なら、いつまで経っても収拾がつきません。

以上は、学部学生とのチート（反則）な対話でしたが、大学院生の対話でも検証してみましょう。

大学院生は、さすがに陰謀論やフェイクニュースに絡め取られることはなく、それより研究に前のめりになって、自分を見失うケースが多いでしょう。自分の研究テーマについて語り出したら止まらないパターンです。学会発表でも、時間が足りないどころか、前振りだけでタイムアップになったり、終了のベルに気づかずしゃべり続ける若い院生に遭遇することがあるでしょう。しかし授業では、院生の話を否定しなくても、終了を告げれば、心を閉ざしかねない昨今の若い研究者たち。ここでも、キラーワード！「おまかせ」が有効です。

院生「コロナ禍の今こそ！　ハバーマスの『公共性』を再検討するべきではないでしょうか!!」

この時点で、多くの社会学者はお気づきでしょう。ハバーマスと公共性で、話がエンドレスになることは火を見るより明らかです。社会学者じゃなくても、「ハバーマス」と「公共性」で検索してみてください。出て来る言説の数もボリュームも、底なしです。そこで、否定するのではなく、また終了を告げるでもなく、一段落させるのがチートなキラーワード！「おまかせ」なのでした。

院生「まず、ハバーマスは、……」
著者「わかった！　ハバーマスは、君にまかせた!!」

そんなアホなと思われるかもしれません。しかし、上手に勢いをつけて言えば、研究室の他の面々にも、大いにウケます。そして、意外なことなのですが、問題提起者も怒るというより、まかされて、まんざらでもない顔をして、その場では一件落着するものなんです。

番外編なので、だまされたと思って、試してみてください。キラーワード！「おまかせ」サバイバル。

最後に、著者の反則技を紹介しておきましょう。1990年代前半、まだ著者が若かりし日々、院生だった頃です。アルコール依存症だった症状も手伝って、傍若無人な学会発表を重ねていました。

ある学会発表の際、取り上げたメディア論の開祖、マーシャル・マクルーハンの学説が生煮えで、適当な紹介をしてしまったところを、案の定、質疑応答でツッコまれました。様々な学会で、自説「マス・コミュニケーション（特にテレビ視聴）における受け手の自律性（優位性、主体性）」を発表したいだけの著者は、マクルーハンの理論を念入りに検証していなかったため、質問の意味もよくわかりません。

質問者「マクルーハンは、こんなこと言っていないでしょう！」

著者「すみません。マクルーハンは、なんて言っているんですか？」

質問者「（ため息をついて、）○▼✖◇□……」

著者「わかりました。マクルーハンは、先生におまかせします！」

会場、失笑の嵐。

このチートな発表の直後、著者は当時の指導教授にこっぴどく怒られて、「こんな発表していたら、どこの大学も採用してくれないよ！」と言われました。

しかし、著者はこの質疑応答を結構、気に入っています。著者は、自説「マス・コミュニケーション（特にテレビ視聴）における受け手の自律性（優位性、主体性）」（拙著『マス・コミュニケーション単純化の論理』「第4章 そして、使いやすい受け手論」など参照）を発表したかっただけでした。当時、全面的に肯定する研究者があまりいなかった自説の「受け手の自律性（優位性、主体性）」だけに、著者の中では先行研究を割愛しても構わないと勝手に高を括っていたのです。先行研究は大切ですが、もう終わっている作業ですから、書かれた記録や本を誰もが読めばいいだけの話だと考えていました。ライヴで最も重要かつ必要な情報は、まだ誰も聴いたことのない新しいアイディアでしょう。

それに、著者には、マクルーハン自身の理論は、論理矛盾だらけにしかに読めません。それより論理的な整合性を図るために、紹介者でありながら誤読の限りを尽くして、批判を浴びても、使い勝手の良い学説に再構築した竹村健一さんによるチートなマクルーハン理論の方が、メディアにズバリ適合できて、効力を発揮すると著者は考えていたのです。

そして、会場の失笑ですが、社会学芸人を気取っていた著者は、失笑や嘲笑も笑いを取ったことには変わりがないと勝手にほくそ笑んでいました。著者の若い頃は、名言ホストの帝王ROLANDさんみたいでした。しかし、曲がりなりにもROLANDさんも著者も、メディアで生き残っているので、今や、名うてのサバイバーと言えるのかもしれません。

II 〝生き残り学〟のすゝめ

著者が人生で窮した時、自分に言い聞かせているロジックは、こうです。

これまで○○年間なんとかなってきたんやから、これからもなんとかなるさ。重篤ながんも重度のアルコール依存症に直面した時も、その都度○○年間なんとかなって、生き残っているんやから、今回もなんとかなるさで乗り切って参りました。ですから、学生が人生に窮したと相談に来ると、最終的には、今までなんとかなってきたんやから、これからもなんとかなるさ!! と言って送り出します。

しかし、人間はミスを犯します。では、ミスをリカバーできないかというと、人間は他の生物と違って、反省の証として謝罪ができます。そして、謝罪や反省をすることによって、他者や社会の中で許されて来たのです。もし、謝罪で許されないのであれば、あらゆる人間の営為はミスを犯さないとされるAI（Artificial intelligence：人工知能）に取って代わられるでしょう。

「ストレスは必要である。なぜならストレスにも積極的に利用できるところがあるからだ。ストレスとは、我々にチャレンジ精神、いいかえれば、人間の価値と強さについて学ぶチャンスを与えてくれるものなのです。つまり、我々に自分の適応性と柔軟性を点検・確認させることによって、挫けることなくプレッシャーを支配できる可能性を我々に示し、最善を尽くす勇気を与えてくれるのである。」（米国陸軍省編『米陸軍サバイバル全書［新版］』第2章サバイバルの心理学、邦訳 p.18.）

実際に著者は、ステージ4に近い下咽頭がんと闘病のために休職した2007年度一年間および、重度のアルコール依存症から回復のために休職した2014年度一年間を、サバティカル（研究休暇）のように活用しました。結果、がんとアルコール依存症を研究テーマにして、学会発表を重ね、研究成果としての単著も二冊出版しています（拙著『楽天的闘病論』および『脱アルコールの哲学』参照）。よって、正規のサバティカルは一度も取っていません。

第Ⅱ部では、ストレスの発生源から、自身が肯定できる《意義》を見出し、強かに生き残る術を検証して行きます。

ストレスが充満していながら、生き残るべき場所として、著者が第一に検討するのは、【学校】です。自身が体験した進学校での落ちこぼれから、〝逆転劇〟を演じる「間違いのない（健全な）自己肯定感」の育成を考えます。

著者の最終学歴は、東大京大阪大、早慶といったトップ校ではありません。そんな著者は、アルコール依存症から回復した近年、学生たちのどんなに未熟な意見も否定せずに、一理あると認めて、伸ばし続けて参りました。その結果、近大生から提出される「前田ゼミの志望書」に驚きの理由を目にすることになりました。

「それほどの難関大卒でもないのに、京大卒の先生方と肩を並べる前田先生の生き方を見習いえば（見倣えば）、近大生の自分も成功できると思い、前田ゼミを志望します。」

なるほど。もちろん、著者は怒りもしないし、否定もしません。但し、何をもって成功とするかに正解もありません。それでも、この学生の志望動機は、著者の経験則を**代理体験（vicarious experience）**すれば、自分も成功できると思える可能性を説く心理学者、アルバート・バンデューラの「自己効力感」（self-efficacy）を実現しようとしているのではないでしょうか。そして、それに気づいた人間の中にはサバイバーが持つ「間違いのない（健全な）自己肯定感」をも予感させてくれるのでした。

もちろん、代理体験など、誰もができることではありません。但し、ゼミの志望動機に、教員の生き様に倣（なら）いたいという趣旨を書いている学生なら、少しでも代理体験できる動機づけは十分です。どうせ自分は、関関同立にも落ちた近大生だからと諦めて自虐的になる多くの学生より、サバイブできる見込みがあるでしょう。細かいテクニックはさておき、次世代にはあらゆる可能性を追求できるメソッドを開示しましょう。

具体的には、著者の自分史の中から、生き残り学のヒントになる部分をサンプリングして、望む学生たちに開示するのです。但し、あくまでヒントです。代理体験が有効なのは、思考実験までで、現実にそのまま全部倣うと二番煎じになり、先駆者の著者と同様には評価されません。あくまでヒントにして、著者とは違うルートで学生独自の人生を切り拓き、著者を超える別の高みを目指して下さい。オリンピアンと同じ学校には行けても、ほとんどの人がオリンピックには出られないのと同様です。それでも、著者が生き残った軌跡は、サバイバルの要点であり、原論となり得るでしょう。別の新しいルートでも、切り拓けるという勇気は与えます。そして、**他人を誰も傷つけることなく使える（参照してもらえる）ライフヒストリーが自分史、**自問自答の伝記です。それは、〈自己相対化〉（≠客観視）そのものでしょう。

義務教育を卒業したら、生き残れ！

著者の人生は、常に自己肯定できるようなサクセスストーリーではありませんでした。けれども常時、最悪を考えておいて、首の皮一枚でもつながっておけば、楽天的に生き残れると信じて、実際も生き残って来られたのです。それはまさに「間違いのない自己肯定感」の培養プロセスでした。

著者の人生で、記憶が鮮明なわかりやすい最初のハードルは、中学受験でした。しかし、中高一貫の進学校、国立大教育学部附属中学など、見事にぜんぶ落ちました。受験前は、ＩＱテストの結果が高かったため、京都の進学塾に喜んで迎え入れられましたが、著者が抱えるＡＤＨＤ（注意欠陥・多動性障がい）には、本を集中して数ページ以上は読めないという症状があったため、受験勉強などまったく向いていませんでした。そして、受験に失敗して、選択の余地もなく行った地元大津市の公立中学校で、後に妻となる運命の女性と出会えたのです。結婚したのは、２００９年に同窓会で再会してからの46歳ですが、振り返ってみるだけでもポジティブシンキングが可能でしょう。中学受験に成功して有名私立中学に行っていたら、現在の妻とは出会っていなかったのですから。偶然と言うより、運命だと考えます。ですから、受験に失敗した運命を悔いるより、最良の妻に出会えた運命を肯定する思考が、より明るく前向きに生き残れるコツなのでした。

【コラム】いい思い出より、いいトラウマ（爪痕）を

著者は選択の余地なく行った中学で1978年、3年の文化祭において、伝説の学級展示を企画しました。他のクラスが、「未来の地球」などと銘打ち、環境問題や技術革新を扱う現在のSDGs（Sustainable Development Goals：持続可能な開発目標）に近い展示を行う中、著者のクラスだけが「爆笑クラス」というふざけた看板にしたのです。しかも、その展示内容は、意味もなく、こんにゃくとバナナと茶碗を並べるだけというシュールな演出でした。意味不明なトライ&エラーの結果、当時好きだった担任の女性教師を泣かせるも、学校中、失笑、苦笑の渦となり、著者は勝手に大爆笑だと勘違いして大満足してしまったのです。但し今考えると、この企画は思春期にあるべき無鉄砲さの表れで、異常ではありません。そして、後に活路を切り拓くパイオニア・スピリットの予兆でもあったのです。

このエピソードは、ごく最近まで、近畿大学のHPに著者の自己紹介として載せておりました。（注：現在HPリニューアルにより割愛）それを読んだメディアの取材者は、別件で著者を取材に来られても、多くの方が最初に、中学時代のパンクな学級展示を話

題にしてくれました。何が言いたいかというと、青春時代の綺麗な記録は、思い起こしても当事者以外にはウケません。それより、誰も考えつかない汚れの思い出の方が、こじ開けてみると、関係のない大勢にもウケるのです。

現に、中学の同窓会で文化祭の話になった時、著者が企画した学級展示は、「爆笑クラス」のタイトルは忘れていても、「ほら！こんにゃくとバナナと茶碗を並べただけの展示‼」と振ると、必ず何人かが、あ〜！って思い出し、「あれは、一体なんやったんや⁉」と今度こそ大爆笑になります。これが、良いトラウマ（精神的な外傷というより爪痕）の仕掛けなのです。

文化祭当日は、好きだった担任の女性教師から、「ますなお！これは、なんの意味があるんや⁉」と詰問されて、「10年後、絶対おもろいですよ！」と即答したのを覚えています。そして、本当にみんなの記憶に生き残っている「爆笑クラス」でした。他の学級展示の内容は、現在で言う持続可能なSDGsモードだったはずなのに、10年後には、誰も覚えていません。「未来の地球」など、企画の当事者ですら、ほとんどが忘れています。ところがリスクテイクを冒しただけの展示に見えた、意味もなく、こんにゃくとバナナと茶碗を並べただけの「爆笑クラス」は、なんとハイリスク・ハイリターンで、30年以上経っても、思い出し笑いの極みを提供してくれ、皮肉にも最もSDGs（持続可能な開発目標）に適っていたのでした。そして2021年現在、コロナ禍でも、エンタメなども含む文化活動の意義と必要性は叫ばれています。

コロナ禍で、いい思い出が失われたと嘆く思春期の学生たちも、本書を読んだら、誰も考えつかない創意工夫で10年後には笑えるいいトラウマ（爪痕）を残して、サバイバルして欲しいものです。

本論に戻ります。著者は高校受験でも、まず、滑り止めで受けた京都の有名私大附属高に落ちました。それでも勉強もせずに、中学で成績ビリの爆笑王と二人でみんなを笑かすギャグばっかり考えていると、地元で第一志望の滋賀県立膳所高校に数学は満点で、1桁順位の合格を果たせたのです。ジタバタせずに、諦観と達観のなせる成果でしょう。

余談ですが、著者が入学する前年、1978年夏の甲子園、進学校なのに自力で県予選を勝ち進んで、奇跡的に出場できた膳所高校は一回戦、群馬県の桐生高校に18対0の歴史的な大敗を喫しました。翌年、著者の入学式で校長先生が、高校野球で大敗しても、大学受験で大勝しろと檄を飛ばしたのを今でも覚えています。ところが膳所高を粉砕した桐生高校のピッチャーは、（スポーツ推薦だとしても）早稲田大学に進学しており、膳所高校の著者は早稲田大学に落ちました。でも落ち込むより、使えるエピソードになると当時からほくそ笑んでいました。ただ、本書で使えるとは、望外の喜びです。高校野球で母校が負けて、大学受験でも自分が負けた膳所高生の著者は、当時から『負け犬の遠吠え』（「未婚、子なし、30代以上の女性」の発信）というスタンスを流行らせたエッセイスト、酒井順子さん流の〈自己相対化〉できるメンタリティを快く体得していたのです。

元に戻って、この膳所高校では、現在著者が大学でも援用している生き残りの授業法に出会っているのです。それは、「現代国語」の授業でした。京大の国文出身という触れ込みのその先生は、1年の冒頭の授業で、すべての生徒をアジって！　度肝を抜きました。当時の膳所高生は、東京の私大志向だった著者以外はほぼ全員、京大志望です。よって、京大出身のこの先生の型破りな授業法も、生徒みんなが疑うことなく受け入れたのです。

先生「おい！　みんな、（教科書の最初に出て来る小説）読んできたか⁉　返事は？」
生徒「はい！」（全員）
先生「（読んで）なんか、質問あるか？」
生徒「無言」（全員）
先生「なんも質問ないんなら、皆、全部わかってるんやな！　すごいな‼
　ほな、今日は授業することないわ。終わり。次回、○ページの評論。」

【次回】

先生「みんな！（教科書の次に出て来る評論）読んできたか⁉」
生徒「はい！」（全員）
先生「（読んで）なんか、質問あるか？」

誰も手を挙げないと、授業が終わるので、１人の勇気ある生徒が恐る恐る、挙手。

先生「はい！　おまえ、何がわからん？」
生徒「〇〇と言う筆者の気持ちが理解できないのですが……」
先生、別の生徒を指して！
「おまえ、手を挙げへんかったから、わかってるんやろ！　教えてやれ！」

以上、膳所高に入って、最初の現国の授業がこれ！　衝撃でした。
そして、この先生の現国は、毎回この授業方法で続くのでした。
しかし、この先生の生徒へのむちゃ振り連発は、解釈に唯一無二の正解などなく、もしかすると生徒の数だけ正解がある現代国語の理に叶っている授業法だと思いました。なんと１９７９年に、今でいうアクティヴラーニングの極みがはじまっていたのです。結果、生徒は授業の生き残りを賭けて、質問し続け、答え続けるのでした。そして、生徒のどんな答えにも、この先生は否定しないで授業を進めてくれたのです。

現在、大学でも著者は、自著『楽天的闘病論――転んでもタダでは起きぬ社会学』（前期）と同じく自著の『脱アルコールの哲学――理屈でデザインする酒のない人生』（後期）を教材に使った『現代文化講読』で、膳所高で出会ったこの授業法を援用しています。学生たちは、初回度肝を抜かれますが、履修した者は、次回から積極的に質問し、著者の回答を予想して答えを出してくれるのです。そして、質問したことも、予想した回答も、著者自身からの回答も、決して忘れません。静かなノートテイキングで、安心して内容を忘れ去るより、常に緊張感あふれる質疑応答ライヴの方が、情報の意味が意義に転じて、記憶が刻印され、思考が身に着く授業法なのです。

そんな著者の膳所高時代ですが、勉強しなくても好成績で入学できたので、現国で即興の質疑応答には興じたものの、やはりまったく勉強しませんでした。授業が終わると、ひたすら深夜ラジオ『オールナイトニッポン』へギャグのハガキを投稿する行為に明け暮れていました。結果、膳所高校の定期試験では、430人中413番まで成績が落ちた事を記憶しています。そして、大学受験は現浪合わせて、十数校も落ちました。しかし今振り返ってみると、受験勉強しなかった代わりに、中島みゆきさんやビートたけしさん、笑福亭鶴光さんの『**オールナイトニッポン**』**でハガキがレギュラーとして読まれるようになった経験値は、メディア研究者に**

なる階段の第一歩でした。

特に中島みゆきさんの覚えはめでたく、《握手券》（注：街で中島みゆきさんを見かけた時に提示すると喜んで握手してもらえる券。著者が上京する大いなる動機づけにもなりました。しかし、みゆきさんに出会う前にアルコール依存症になり、泥酔して電車で寝ている間に、大事に仕舞っていた財布ごとすられました。）が送られて来たくらいです。但し、『オールナイトニッポン』で最初の1枚が読まれるまでの2年間、200枚以上のハガキを投稿しました。その間、読まれなくても、独自に工夫しながら探究し、書き続けていたので筆力は極めていけました。そして、その証拠に一度『オールナイトニッポン』の採用ラインを突破したら、レギュラーになれたのだと実感します。ですから、著者の講義『メディア論』に投稿してもらう学生たちにも、授業で取り上げられないのも経験値として、独学で工夫を重ね、就職活動のエントリーシートで初採用されるくらいの目標で臨んで欲しいと檄（げき）を飛ばしています。大学で書くレポートは、受験勉強ではないのですから、誰かに添削してもらって模範解答が書けても、現代社会では取り上げてもらえません。独自の工夫、独学での細工を重ねることによってこそ、唯一無比のオリジナリティが研かれるのです。

【コラム】いつ活きるかわからないサバイバル人生

実は、深夜ラジオへの参与観察が最も活かされたのが、コロナ禍の大学における2020年度オンライン授業でした。

著者の『メディア論』では、リスナーである学生たちから、Google Classroom に課題を投稿してもらい、翌週の Zoom で著者がライバーとなって、採用した投稿（共有すべき内容）を匿名で読み上げながら、臨床社会学者としての解説を加える！　まさに「前田益尚のオールナイトニッポン」が実現したのです。

同時期、メキシコでも、教育格差と情報格差を極力なくすため、苦肉の策として、ロペス・オブラドール大統領の号令一下、公教育省が小中高の教員による「テレビ授業」を、公共放送と民放4局、計9チャンネルで万人に放送していました。

教育が緊急事態で、双方向より上意下達を余儀なくされる期間においては、まだまだマス・コミュニケーションという情報の流通経路が有効に機能していたのです。

研究者へのサバイバル街道

こうして高校時代からマスコミ志望だった著者は、マスコミ人を多数輩出している早稲田（大学）へ行けば、なんとかなるという浅はかな心理状態で、１９８２年の浪人時代は、東京で早稲田予備校の久米川寮に入りました。当時、エリート志向の高校生なら、東大に行けばなんとかなるという心理で、駿台予備校や河合塾の寮に入っていたのと同様のメンタリティでしょう。早稲田予備校も、久米川寮は試験で選抜された浪人生の寮でしたが、内実は全国から東京に憧れた田舎者の集まりで、舞い上がったり浮かれた者も多く、勉強に集中するだけの環境ではありませんでした。著者も1年間、憧れの80年代東京を満喫するのが楽しすぎて、まったく受験勉強せずに終わったのです。

では、憧れの東京で1年間、何をして過ごしたでしょうか。久米川寮のロケーションは東京とはいえ、2021年4月12日現在のコロナ対策、まん延防止重点措置の適用対象にもならなかった東村山市にあり、西武新宿線の久米川駅からバスで15分という受験勉強に集中させるための隔離施設みたいな環境でした。しかし、著者は4月から早くも新宿、渋谷のディスコ（80年代でも、1984年の風営法大幅改正までは、一度キーホルダーなどのメンバー証明をもらった店へ早めに入れば、1000円程度でオールナイト。さらにフリードリンクで、フリーフード。）へ入り浸り、朝まで踊り明かして始発で帰り、寮の朝ごはんを食べて部屋で寝るという、昼夜逆転の24時間サイクルでした。当時のディスコは、とんねるずの名曲『嵐のマッチョマン』（作詞：秋元康、キャニオン・レコード、1987年）の歌詞にあるようなクレイジーな世界観でした。著者の浪人時代は、能天気なディスコを愛でる1年だったのです。但し、**ダンスは下手**の横好き。煩悩を振り切り、ひたすら踊り狂う（ミラーニューロンという神経を音やリズムと同調させて震わせる）感覚が大好きでしたが、今振り返ってみると、**臨床社会学**

者として、フィールドワークや参与観察に熱くなれるコツは、ディスコフリークのこの1年でつかんでいます。著者にとって下手でも踊る行為とは、今何かを表現したいのではなく、もうすぐ何かをはじめる前の身震いのようでした。当時からメディアでは「流行に踊らされている！」というのが文化批評の常套句でしたが、著者は嫌いです。なんなら、こちらから踊りに行っているのだと主体性を強調したいくらいでした。昔から、踊るアホーに見るアホー、同じアホなら踊らにゃ損損と流れに身をゆだねる踊り手の主体性は認められているのですから。リズムに乗せて踊るには、音を予測しなければなりません。その感性が研かれると、様々な危機や問題を察知するセンサーが備わるという進化の道筋も考えられるでしょう。武術の達人は喝破します。気配や違和感を察して、危機の兆しに身体が反応しなければ、生き残れないのだと。一本背負いが決め技だった柔道家も、名伯楽となって教える時には、相手の間に入ったら、もう投げているると極意を説明されていたようです。危機に際しては即ダンス。頭で考えているようでは生き残れません。

余談ですが、大学教員になって、教壇では踊りませんが、その動きは特徴的なようです。アルコール依存症真っ盛りの頃、陶酔して講義をしていると、時々履修してくれる芸術学科舞台芸術専攻の学生たちから、「前田先生の教壇での動きは、見たことのないダンスに見えて、参考になります。」とか「ポップと前衛を行き交う動きです。」などと授業内容より、教壇の動きを深読みして、レポートを書いてもらえることがありました。しかし、これこそ、オンライン授業では伝え切れない対面ライヴ授業の醍醐味です。

話は戻って、浪人当時、オールナイトのディスコからの朝帰りだとは気づかない予備校の寮長さんは毎朝、寝る前の朝食を欠かさない著者を早起きだと褒めてくれました。しかし、当然のことながら、模試の成績は右肩下がりです。在寮時間も、寮友の部屋で小さなクローゼットに隠れ、開けた寮友が腰を抜かすドッキリを仕掛けたりと、今で言う『水曜日のダウンタウン』（バラエティ番組）みたいな毎日でした。京都の予備校で一浪して、京都大学経済学部に合格した膳所高時代の親友が、著者の寮に遊びに来た時、「ここ、予備校の寮やんなあ。誰も、勉強してへんやん！」と言われて、はじめて放し飼いの実情に気づかされました。結果論ですが、著者は浪人時代の1982年、東京のサブカルチャーを探究（後の参与観察）して極めていこうとしていたのです。

但し著者は、東京の藻屑（もくず）と消えるのは嫌で、生き残るために、受験戦略だけは立てて、サバイバルを試みました。

最初の策は、どの科目を中心に受験するかです。著者が抱えるADHDの症状の一つは、人並みの暗記ができない注意欠陥（注：特に人名が覚えられず、大学教授になっても学生の名前が覚えられず、個別指導もキャラ付けしないとままなりません。）だったため、最も暗記に頼らなくて済む「現代国語」と「数学Ⅰ」を中心に勝負を賭けるしかありませんでした。暗記より計算の理系科目も、例えば「生物Ⅰ」は、自分で式まで編み出せる遺伝子の計算だけなら得意中の得意でしたが、様々な公式や名称は覚えきらず、残された科目は、純粋な「数学Ⅰ」(注：当時の「数学ⅡB」は、公式に則るだけで、著者には不純)だったのです。探究の結果、著者の美学に適う「数学Ⅰ」と「現代国語」以外は、文理全ての学部で逃れられない「英語」だけで済む私大文系の一部に極めていきました。

次の策は、当人が最低限と考える自尊心を維持するために、有名私大文系の一番偏差値が低い学部（1980年代は、商、経営、社会）ばかり受けたのです。

第三の策は、なるべく多く受験して、満点も零点もありえる選択科目の「数学Ⅰ」で、ギャンブルに出たのです。数学は、歴史や語学と違って、不変（普遍）です。そして、ピタゴラスの定理は変えようがないように、実は物理学よりも不変（普遍）なのでした。1980年代、私大文系の選択科目における「数学Ⅰ」は、一問か二問でした。得意分野（代数幾何学の部）が二問出て、満点を取れれば、苦手な英語がダメでも合格ラインに届く可能性があるでしょう。もちろん、「数学Ⅰ」で不得意分野が二問だけ出たら零点になりますが、その大学とは縁がなかったと諦めました。これは現在も、学生の就職指導に際して、選んだ会社は受けまくる戦略に極めていけます。

そして、「数学Ⅰ」が唯一満点で受かったのが、法政大学社会学部だったのです。但し、第一志望の社会学科ではなく、第二希望の応用経済学科（現在、改組）に補欠で滑り込みました。

しかし、そこで運命の大師匠！ 稲増龍夫先生のメディア文化論ゼミに入れて、社会学者になれたのです。しかも、ゼミは一期生だったため、浪人しなければ、稲増師匠の一番弟子にはなれなかったのです。ビートたけしさんの一番弟子だったそのまんま東（東国原英夫）さんが、異端の政治家として足跡を残されたように、著者も巨匠の一番弟子になれたからこそ、パンクな臨床社会学者として爪痕を残せているのかもしれません。

今、振り返ってみると、無理して受験勉強ができて、早稲田大学に進学できていたら、早稲田では多士済々の坩堝に飲み込まれて、著者の鬼才も埋没していたように思います。二番手三番手校の法政大学の中で芽が出たために、摘まれることもなく自由奔放に伸ばしてもらえた気もしています。例えば、著者がアルコール依存症で倒れる直前の『基礎研究』（1年後期のゼミ）で教えた2018年M1王者のお笑いコンビ、霜降り明星のせいやさんも、マンモス大学でありながら、早大や日大に比べて輩出した有名人の少ない近畿大学という環境でこそ、その奇才を伸び伸びと伸ばせたのだと思います。鶏口牛後とは、このことでしょうか。でも頭になるのは、少なくとも鶏でなければいけません。虫の頭では、牛の尻尾にも遠く及ばないのです。

サバイバル受験の経験値は、京大卒でもない著者のゼミだからと志望動機に書いてくれた前出の前田ゼミ生には、単なるデータでなく肉声で伝えました。彼は代理体験とまで言わずとも、関関同立に落ちても、近畿大学で踏み止まった自分に照らして、意を強くしてくれました。そして今後も、このメンタリティは、京大卒でも阪大卒でも早大卒でもない著者のゼミだから志望して、著者の生き様を代理体験できたら、自分も這い上がれるかもしれないという動機づけを有する何人もの近大生たちに受け継がれていくのでしょう。

アメリカの心理学者、バリー・シュワルツは、大学生に心理テストを繰り返した結果、選択肢が少なければ少ないほど、結果に対する満足感は大きいとパラドキシカル（逆説的）な分析をしています。

余談ですが、法政大学に進学した著者は、東京六大学野球の応援に行くと、法政が勝っても負けても試合の後、他大学の学生から、「アホ！ アホ！ アホの法政‼」と関西ではお馴染みの「アホの坂田」（アホを売りにした！ 関西のベテランお笑い芸人、坂田利夫さんの舞台における出囃子）をもじったヤジを飛ばされた経験をしています。（注：たぶん現在は禁止されていますが、授業で紹介すると、学生たちから、今は絶対にできないヤジだとウケます。）当時、東京六大学の中では、法政大学が一番偏差値低いと見られていたからのヤジでしたが、関西人の著者には、劣等感よりボケ役になれた快感が勝り、さらにアホの坂田が東京でも通用することが嬉しくて！〈自己相対化〉して胸に刻みました。そしてこの経験値が、後に海外でも危機管理に活かせるのです。

しかし、この先も多難でした。大学院は、法政大学大学院社会学研究科を学内選考も含めて2度落ちました。専門科目の論述では最高点を取ったこともありましたが、外国語が無残。他大学の大学院も手当たり次第に受けましたが、本が集中して読めないＡＤＨＤ（注意欠陥・多動性障がい）の著者は特に語学力が上がらず、もちろん全滅。これまた生き残れる大学院を探していたところ、学部4年生の2月に成城大学大学院文学研究科コミュニケーション学専攻という当時は大穴を見つけてリカバリー、もぐり込めたのです。成城大学は、学部が文芸学部マス・コミュニケーション学科だったため、80年代当時の大学院入試も、外国語は英字新聞を読解して時事問題が理解できればなんとかなり、その前にテレビで海外のニュースを知っていれば、英語が完璧に読めなくても対応できたのです。そして、テレビの国際報道をザッピング（渉猟）していたおかげでマス・コミュニケーション研究が専門の臨床社会学者になれました。前述の心理学者、シュワルツが分析した通り、選択肢が少ないほど、その結果は大きな満足感をもたらしてくれています。

余談ですが、語学が苦手な方は、とりあえず語学をマスターしようとして〈目的〉にしたら、ドツボにハマります。苦手＝元々センスがないので無理でしょう。しかし、学者にとって語学は、あくまで〈手段〉です。専門分野を詳しく理解するための〈手段〉として、必要な時にその都度、専門用語など外国語の意味を調べて行けば、徐々にですが無理なく確実に語学力、特に読解力は上がります。著者は、学部の卒論を書くため、指導教員だったたい稲増先生に勧められて、誰もが知っているラジオとテレビを中心に分析されているが、日本語には翻訳されていないメディア論の名著 *The Responsive Chord*（Tony Schwartz）を学部4年の夏休み中に、大学受験用の辞書だけで全訳しました。そして、大学受験時には代々木ゼミナールの模試で偏差値27を記録したこともある英語力をリカバーできたのです。文系の研究者に求められる資質の一つは、英語に限らず言葉を無暗(むやみ)に聴いて発するスキルよりも、言語の意味や意義を考えるリテラシー、即ち精読できる読解力ではないでしょうか。この今や古典の *The Responsive Chord* は、近畿大学大学院総合文化研究科で『メディア研究』の授業においても、英語に悩める院生のために使っています。英語の偏差値27やった前田が22歳の時に読めたんやから、君らも読めるやろうと。但し、著者は同じく大学受験時の模試で、選択科目の数学Iは、偏差値93を叩き出したこともあります。

また、著者と同じく公立トップ校の大阪府立北野高校卒ながら、京大でも阪大でもなく大阪府立大卒のソースネクスト会長兼CEO、松田憲幸さんも、同じような生き方をされています。挫折してもタダでは起きぬ。それを機に挑戦して逆転するとテレビでも公言されていました。そして、苦手な英語に注ぐ時間と労力がもったいないと、AI通訳機「ポケトーク」を開発されたのです。著者も「ポケトーク」は、通訳の電卓だと捉えています（拙著『パンク社会学』pp.144-146.参照）。

研究者としての生き残り術

〝テレビに学び、映画のように生きる〟 ライフストーリーを紡いで来たつもりのメディア研究者である著者は、成城大学大学院で、同じ社会学者の中で現在も唯一の盟友、大和大学社会学部教授の岩本一善さんに出会いました。彼とは、二番手三番手大学の大学院生が、学会で業績を挙げて、大学教員になるための合法的な秘策を探究した戦友でもあります。著者が考えついた秘策の中から公開できる一例を紹介しましょう。有名学会の学会誌に論文を載せるためには、厳しい査読に晒（さら）されます。採用される競争率は、当時でも何十倍の狭き門でした。そこで、著者は論文の内容が優れているのはもちろんのことですが、投稿した論文の形式を見ただけで、査読者の深層心理に否定できないような仕掛けを考えたのです。例えば、文章の中に、意味深い漢字を多用するのです。簡単な一例は、「パラダイムシフト」を「価値観の転轍」と書くなど、日本におけるマスコミ研究黎明期に先駆者が使った語彙も援用しました。その他にも、30歳前後の頃、著者は辞書と辞典と首っ引きで、論文の草稿を文学的な言い回しに変換していたのです。なぜ、そんな面倒くさいことをしたかと言うと、後に、ある学会で、採用された著者の論文を査読したと思われる先生との会話で分かります。学会で発表した後、著者が挨拶した有名な先生が、「前田先生って、お若い方（当時29歳）だったのですね！　原稿を読ませて頂いたら、てっきりお歳を召された先生だと思っていました。」そうです。論文を一読して、語彙だけでも、まず大御所の論文かもしれないと思わせたら、無下な審査はできないだろうと沓読者の心理を逆算した著者の仕掛け、まさに知恵者のサバイバル戦法だったのです。もちろん、語彙力（注：著者は、２００９年に語彙・読解力検定準1級を最高点で取っています。そして1級受検資格を得たら、検定が終了。これも運命。）は論文の質を高めますし、他にも公開できない合法的な秘策はたくさんありました。二番手三番手大学の大学院生が立場をリカバーして生き残るには、研究内容もさることながら、深読みさせる知恵を身につけるのも一案だったのです。結果、大学院生時代、学会誌に投稿して、採用されなかった論文は、1本もありません。名だたる学会に投稿した論文は、すべて採用されたのです。

しかし、近畿大学専任講師になってからは策を弄せず、飲んだくれては陶酔して、好きなように書いた論文を学会誌に投稿すると、まったく採用されなくなりました。ならばと、アルコール依存症から回復して、断酒が板についた２０１6年を機に、平易な文章表現による単著の出版に舵を切ったのです。以降、本書で6年連続、違う内容の単著を出版しています。一般読者にも読んでもらう出版に際しては、まず教えている学生たちにわかりやすい表現と文章を心がけました。そして、どうしても必要な専門用語や難解な表現が本文に出て来る場合には、読まれにくい注釈ではなく、できるだけ同じ文章内の用語の前後に平易な説明を加えました。さらに著者が、近畿大学文芸学部でキャリア支援（就職対策）委員会副委員長として、学生たちに指導している就活のエントリーシートが如く、自著も「ですます調」で万人に読んでもらいます。シンプルでわかりやすいデザインを仕掛ける名うてのアートディレクター！　佐藤可士和さんは、周りから「こんなの（簡単なデザインなら）俺でもできる！」と言われることを、理解された証だと満足されていますが、同様のメンタリティです。

また、かつて理系のある研究者（医学者）から、文系である著者の論文は言葉遊びに過ぎないと批判されたことがありました。当時、この研究者が考える（理系の）科学論文とは、研究の結果をそのまま書けば済むだけで、唯一無比の正解文しかないというのです。著者も、危機に際して、曖昧性を排除して欲しい政治決断などには、検討の結果だけが必要な提示だと考えます。しかし、少なくとも出版して、長きに亘って万人の眼に触れる書物にする場合は、読み手を想定しては、結果だけでなく背景にある真意までが伝わるように、言葉を選び、言葉を尽くすべきだと著者は考えます。臨床医が様々な相手に示す所見なら、なおさら言葉を吟味して欲しいのです。言い回しや表現によっては、患者が公的な支援を受けられなかったりするのですから。著者と意見交換させてもらっている（医学者とは限らない）臨床医は何人もいますが、一様に所見に書かれる言葉遣いを、（提出先に）十分配慮されています。文理お互いの意見交換することにより、文系の著者は理系の正確さに一理を認め、理系の臨床医は文系の表現力に一理を認め合っているからでしょう。さらに理系でも、文理の境界を行き来できる情報系の研究者の中には、自身が持つ言葉選びのセンサーを鋭敏に操作されるスキルも見受けられます。

人間は言語で思考する唯一の生物です。言葉を使いこなせないでバカにする者は、サルでしかないでしょう。

言葉の意味より意義の多様性は、今ここにある危機で例証できます。著者は、コロナ禍で批判を浴びる新しいカタカナ語の使い方も、未曽有の危機を知ってもらうためには間違っていないし、サバイバル法として有効だと考えています。例えば、集団感染って言うより、クラスターが発生って言われたら、何が起こった⁉となるじゃないですか。見事に国民の心理に、危機の喚起を仕掛けられています。逆に、コロナ禍を毎年ある季節性のインフルエンザ並みに鎮めようとするのであれば、集団感染と表現するのも一理あります。

ここまでから、著者のライフヒストリーに倣えば間違いない（＝成功する）とだけ考えて、二番手三番手大学の大学院に進もうとすると、失敗するリスクが高いかもしれません。倣って、それぞれの人生に有効なのは「道程」ではなく、〈考え方〉だけです。著者が進学した1980年代と違い、現在、私大文系の大学院は、変わり者のみが進む獣道（けものみち）ではなくなりました。大勢が参加する正規の登山道です。もはや二番手三番手の大学院で頂上まで登っても、開拓者としての希少性はなく、課程を修了したところでどこからも認められずに、呆然と立ち尽くす危険性があるのでした。

よって、これまで述べて来た著者の自分史の「道筋」を倣うのではなく、〈考え方〉で納得できる部分だけを倣ってください。〈考え方〉は文化的な遺伝情報です。そして、次世代は、倣えた遺伝情報〈考え方〉を駆使して、未開拓の分野にオリジナルの「道筋」を切り拓いて下さい。それが文化的な進化と言えるでしょう。たとえ著者をロールモデル（お手本）に出来ても、人間のコピーを作るのが教育ではありません。既にいる人間像なら、多様性をもって生き延びる社会には、2人も必要とされなくなるでしょうから。

著者は、平素の授業では考えられないほど、来訪者が真剣に話を聴いてくれるオープンキャンパスが大好きで、委員として相談コーナーはほぼ全日程を担当しています。そして、ほとんどの受験生が、大学で何を学べるのかと（知識を教えてもらえるのかという意味で）聞いてくるので、必ず「答え」は自分で見つけるのですよと諭しています。高校までは、唯一無二の「正解」や模範解答が必要な大学入試があるため、疑問を持ったら、先生が「答え」を教えてくれるかもしれません。しかし最高学府の大学は、師弟共に未解決の課題を研究する機関でもあります。学生が疑問を持ったら、「答え」を教わるのではなく、「答え」へのたどり着き方、つまり研究方法、〈考え方〉を先生から学び、自分で研究の工程「道筋」を考えて、「答え」を探り当てるのが本分でしょう。

例えば、異常気象、異常気象と騒ぐ昨今の人類ですが、46億年の地球史から見たら、人類が文明を謳歌できている今の穏やかな気候こそが！ 異常気象なのではないか？ 考えてみてください。

途中、恋愛からもサバイバル

元に戻って、文系の大学院生は、自己責任を伴いますが、多くが自由人でいられます。特に文学研究科の院生は、恋愛に現を抜かすのも、芸の肥やしならぬ文学研究の肥やしになるとも強弁できるでしょう。ナルシシズムに陥らぬよう、くどくどとは申しませんが、サバイバルの一例を紹介します。但し、倣って有効なのは生き様ではなく、考え方だけです。

「愛は落ちるものではなく、みずから踏み込むものだ」

生き残るためには、大きな動機づけとなる《愛》を理論的に分析して来た心理学者、エーリッヒ・フロムの名言とされる一文です（エーリッヒ・フロム『愛するということ』邦訳 p.42.）。

仲良くなって、しばらく経っても、一人暮らしの部屋に入れてくれない（踏み込めない）相手の部屋に上がるコツ。著者は、ガールフレンドのお誕生日に一計を案じました。プレゼントを渡すからと電話をすると、案の定、下北沢に住む彼女の部屋の近くの喫茶店に呼び出され、そこで受け取るとの返事。そこで著者が、下北沢まで持って行った贈り物は、原宿の輸入雑貨屋さんで買ったポルトガル製の大きなスワンの親子の花瓶でした。彼女ひとりでは、自分のワンルームまで運び込めません。結局、著者が運び込んで、彼女の部屋への出入りが解禁されたのです。めでたしめでたしですが、もちろん、あとひと押しの関係まで行ってからの仕掛学でした。このあとひと押しの一人暮らし相手の部屋に上がる工夫は、授業の課題で学生にもよく出しますが、男女ともに著者を超える簡単な名答は、なかなか出て来ません。気づきにくいポイントですが、ポルトガル製の大きなスワンの親子の花瓶で、笑いが取れることも、失敗しないで関係を生き残らせるための重要な要素です。

その彼女は、その後も著者にたくさん有意義な経験値を積ませてくれました。スモーカーでもあった彼女から「たばこも吸えないなんて、根性なしが！」と言われ、恥ずかしながら、著者は27歳にして、はじめて喫煙常習者となったのです。しかし、43歳で下咽頭がんと診断された時に近くにいたのは、たばこを吸わないガールフレンドだったので、すぐに禁煙しました。嗜癖の中でも、たばこに関しては、置かれた環境条件に適応する手段として、吸う吸わないを終始コントロールできたのです。この嗜好の制御装置は、数年後に、難題だったアルコール依存症からの回復プロセスでも、苦労しながらですが、再起動したように思えます。

そして極めつけは１９９２年、下北沢のガールフレンドが、ロンドンに留学した時の出来事でした。著者は最初、成田まで送っていくと言いましたが、彼女から空港での別れは寂しすぎると反論されて、結局、一緒にヴァージン・アトランティック航空に乗り、ロンドンまで送って行ってしまったのです。物心ついてからは海外旅行未経験の著者（注：精神科医だった父の研究で、1~3歳半までノルウエー在住）なのに、当時アルコール依存症者真っ只中だったからこその勢いでなせる業だったのでしょう。

＊ＡＤＨＤの症状で、自動車に乗ると思考が上の空になる著者は運転免許証を取っていません。よって、身分証明書代わりにパスポートだけは取っていました。１９９２年当時はあり得ない航空券の即興入手法は、合法的ですがアングラ案件なので、記録に残る本書では割愛します。授業では言います。

はじめての渡英後、ディスコ好きの著者は、せっかくなので、ロンドンのナイトライフを満喫しました。しかし、危険なエリアには、一人で行くのが臨床社会学者の矜持（きょうじ）です。それは、The Fridge という通のディスコを探しに行った時のことです。最寄りの地下鉄駅は、ロンドンの南側で当時は治安が良くないとラベリングされていた Victoria Line の終着駅 Brixton でした。しかし、海外旅行初めての著者には、なんに予備知識もなく酔った勢いだけで行けたのです。駅を降りると、街中には黒人しか見当たらず、でも酔っている著者は無敵でした。黒人のおばさんにカタコトの英語で、The Fridge の場所を尋ねると、ギョッとして逃げられます。黒人街で、当時カーリーヘアにヘアバンド、サングラスをかけた陽気な謎のアジア人である著者から声をかけられたら、驚くでしょう。すぐに、黒人の兄ちゃんたちに囲まれます。酔っている著者も、さすがに危機管理の必要性を感知して、アホのふりをしました。関西人なので、アホといえばアホの坂田。アホの坂田の歩き方をしながら逃げようとすると、関西のアホは世界に通用します！　黒人の兄ちゃんたちにも通じて、みんな舌打ちして、笑いながら見逃してくれたのです。そんな怖い目に遭っても、酔っている著者は伝説のディスコ、The Fridge を諦めません。探究します。そして右往左往した挙句、ようやく The Fridge を見つけたのです。その日は、Muscle Party と看板が出ていたのに、突入しようとして、屈強な黒人のドアマンに遮られました。当時、バブルが弾けるまでの日本では、西麻布などのお洒落なディスコで、ドレスコード（ジーンズにTシャツ、スニーカーなどの軽装は不可という服装チェック）という入場制限が行われていました。しかし、それでも入れるコツがあったのです。それは、テレビ局の力を借りる方法でした。メディア研究者ならお手のものの手段。でも、ここはロンドンです。著者は、屈強なドアマンに、カタコトの英語で、「この中で、ＩＴＶ（イギリス最大の民間放送局）のディレクターと番組の打ち合わせがある。もし、自分が参加できなければ、1万ポンドの製作費が飛ぶが、あなたは弁償できるのか⁉」と詰め寄りました。当時、ドレスコードで入れてもらえない東京のディスコで、ジーンズにTシャツでも無理やり入れてもらう時の裏技が、番組の打ち合わせという口実だったのです。しかも、ドアマンが保証できない法外な製作費が掛かっているとダメ押しします。すると、なんとロンドンでも、屈強なドアマンが舌打ちしながら、入れてくれたのです。まさにテレビは世界共通の言語で、文化人類学的な実証研究、探究の成果ではありませんか！

ところが、The Fridge に入場してみると、中では人種が入り乱れてサラダボール状態の上に、マッチョマンばっかり！ そうです。著者は2点、誤解していました。まず、Brixton で下車してから、黒人ばかりが目につき、勝手に恐れていたのは著者の先入観（注：デヴィッド・ボウイの出身地として有名だとは、後から知りました。）であり、偏見でした。反省すると同時に、この日 The Fridge に掲げられていた看板は、Muscle Party！（筋肉祭り）だから、へなちょこの著者は入場拒否されたのです。それでも、弾丸と化した酔いどれの臨床社会学者は怯みません。バーカウンターで地元の女性バーテンダーに話しかけると、著者のへなちょこな身体を見て、大笑い！ 著者が、I am very famous sociologist from Japan! ってカタコトの自己紹介すると、さらに笑う笑う!! 挙句の果てに Let's Dance! と言われたように勝手に聞こえたので、酔った著者は、マッチョだらけのフロアで、「なんでやねん」と書いてある愛用の扇子を振りながら踊り狂いました。すると、マッチョたちも笑いながら、You are Crazy!! って、歓待してくれたのです。いや、歓待された記憶しかありません。こんなディープな参与観察、アルコール依存症真っ只中の社会学者じゃないとできないでしょう。

でも、この経験値と培われた適応力のおかげで、後の人生、どんなに無謀な胆力（たんりょく）、探究、創造も、躊躇なく実行できるメンタリティが育まれたのです。例えば、長期に亘って患っていたアルコール依存症から回復するために、初心者にはハードルが高い断酒会やAA（アルコホリック・アノニマス）といった自助グループに行く時にも、躊躇なくアポなしで例会やミーティングを巡回して、参与観察を極めていけました（拙著『脱アルコールの哲学』巻末「出席記録一覧表」参照）。ロンドンでも、当時は危険地帯だとラベリングされていたらしいBrixton探索に比べると、世界一治安の良い日本なら、著者にはどんなに得体のしれないディープなゾーンでも、安心して行けます。そのおかげで、依存症から回復する過程の実証研究として、臆することなく自助グループ回りも探究できたのです。

【コラム】嫌々勉強しているエネルギーは、社会のロスかもしれません。

自らの経験値からも、同世代の全員が嫌々勉強しなくても問題ないと思います。大多数の高校生は、まったく勉強しないで合格できる大学があれば、そこへ行けばいいと著者は考えています。ハーバード大学のサンデル教授は、成功者の要因が生得的な才能と努力の賜物だけではなく、たまたま才能が市場（社会・環境）のニーズにマッチしたからだと強調しています。しかし、市場（社会・環境）に無理せず今ある自分の能力を合わせるだけで、余裕をもって生き残り、逆転できる市場（社会・環境）が到来する（見つかる）のを待つのも〝**才覚**〟だと著者は考えているのでした。

そして、ごく一部の向学心のある若者には、大学進学後に国家の投資対象として授業料を無償化＋出世払いで返金してもらう奨学金まで与えるのが、理想だとも考えています。その前段階の受験勉強などいくらしても、誰の役にも立たず、社会の役にも立たないのではないでしょうか。

誰の役にも立たないような勉強をするエネルギーは温存しておいて、例えば大学の学部で地道な研究成果を出した上で、大学院に進学してから、人類の進歩に寄与できるかもしれない壮大な研究テーマを見つけた時点から、誰も成しえなかった成果を挙げようともがいて、社会に貢献して欲しいのです。

著者から見れば、高校まで一斉に同じ勉強をさせられるプロセスは、同世代の中から、英国数社理などの各分野において、人類の進歩に役立つかもしれない研究をするのに向いている逸材がいないかを見出すためのオーディションに過ぎないように思えます。逸材さえ見つかれば、最後まで全員が努力する必要などないのではないでしょうか。国語の勉強をさせられた者が全員、作家になるわけでもなければ、英語の勉強をさせられた者が皆、外交官になる必要もないのです。

自分がこの分野には興味があり、誰よりも成果が出せそうだと自覚、自負した者だけが勉強すればいいのではないでしょうか。その中から、いつか世のため人の為になる研究者や開発者が生まれれば、御の字でしょう。同世代が全員、同時期に嫌々ながら受験勉強するなど、社会にはなんの役にも立たず、人的エネルギーのロスではないでしょうか。

研究者や開発者を目指さない大半の高校生は、エネルギーを受験より、人手不足の分野でアルバイトして、稼ぎを遊びや消費に使った方が、経済は好循環するでしょう。ごく一部、自他ともに開発者や研究者の段階に進みたいし進めると思しき者のみ、（いつからでも遅くはないので、）思い立った時期から、その分野、科目のみ勉強するのが、社会的にも有意義だと著者は考えます。

現在、著者が履歴書に書ける義務教育を卒業した後の学歴は、滋賀県立膳所高校卒、法政大学社会学部卒、成城大学大学院文学研究科コミュニケーション学専攻博士前期課程修了（文学修士）、成城大学大学院文学研究科コミュニケーション学専攻博士後期課程単位取得退学です。さらには職歴で、近畿大学文芸学部専任講師から准教授を経て、教授。そして、書ける学校のすべてに、周囲が驚くほどの愛校心を持っているのにも、理由があります。それは各段階で、他のどの学校も評価してくれなかった著者を、唯一合格にしてくれたり、採用してくれた学校だからです。そして著者を認めてくれた学校には、唯一無比の審美眼（見る目）があると考えられるからです！

ですから、どうせ関関同立に落ちた近大生だからと諦めていた学生が、トップ校出身でもない教授のゼミに入って、指導教員の生き方に倣えば（代理体験できれば）、自分の人生もリカバーもしくは逆転できるという動機づけを覚えたとすれば、望みがあります。この学生に、著者は、まず志願者の動員力日本一の入試を突破できた自尊心をもって、近畿大学だけが自分の才能を評価してくれたと考えてみてはどうかと助言しているのです。それは、内発的（心理的）な自校学習の動機づけにもなるでしょう。そして前述の心理学者、シュワルツが大学生に心理テストを繰り返して、選択肢が少ないほど満足感は大きいと分析した結果が裏付けしてくれます。

著者が、さらに出身校に感謝しているのは、いずれの学校でも、その教育法が、（言葉は悪いですが、様相をわかりやすく表現すると、）**放し飼い**（free-range）だったことです。膳所高校でも、法政大学社会学部でも、成城大学大学院文学研究科コミュニケーション学専攻でも、勉学のノルマを強いられた経験、記憶は一度もありません。常に**放し飼い**でした。だから著者は、既成概念に捉われず、誰も考えつかないような学説や理論を自由に構築できたのです。ですから現在、教授者になっても、学生たちを**放し飼い**にしています。決して、勉学に厳しいノルマを課したりはしません。その結果、近畿大学が掲げるキャッチコピー「固定概念を、ぶっ壊す。」通りに、誰も考えつかないようなアイディアを提案できる次世代を養成して来たつもりです（世耕石弘『近大革命』pp.34-36.参照）。

【コラム】一見アナーキーな就活

著者の就職指導は、学生に模範解答を目指すことを教えません。無理して、筆記試験で模範解答が書けるようになったり、面接で模範回答を言えるようになって採用されたら、職場でも退職するまで無理して模範解答を書き、模範回答を言い続けなければならなくなるからです。結果、就職後にどこかで馬脚を現して、職場に居辛くなったり、模範解答という仮面をかぶり続けて精神のバランスを崩し、退職する恐れが出て来るかもしれません。それより、学生はエントリーシートに好きなことを書いて、面接で言うことは言いたいことだけ用意して、著者はその中で世間にも認められそうな部分には太鼓判を押して、磨き(研き)をかけてやるのが、間違いのない教育方法であり、健全な就職指導でもあると考えます。

結果、就活では100社受けて、99社から一次面接で「何を荒唐無稽なこと言ってるんだ。」と却下されても、1社から「とんでもないアイディアやけど、おもろいやんけー!」と言われて内定が出たら、そこが相性の良い運命の職場だと指導して来たのです。なぜなら著者自身が、そうやって近畿大学に採用されたからです。1999年、ノストラダムスの大予言では悪魔の大王が降臨する年、近畿大学文芸学部の当時カリスマ学部長、後藤明生先生から、「きみのやってきたこと(研究方法)は他にないけど、この文芸学部がやろうとしていることだよ！」と言われて、採用されたのです（拙著『大学というメディア論』pp.130-132.参照）。そして著者は現在も、近畿大学教授として言いたいことを言う授業で、その熱意は学生アンケートでも高く評価されていますし、書きたいことを書いた本が常に出版できています。

新卒の学生たちも、100社受けて、何十社も内定が出るような就活は一見成功に見えますが、どこに行けても、無理して職場に合わせ続ける人生しか待っていません。100社受けて、99社に落とされても、1社から内定が出たら、居心地の良い相性、運命だと捉えましょう。

果ては、満身創痍でも、生き残れ！

ゼミ生が代理体験を申し出た著者の人生、さらに寸止めの窮地は続きます。大学院でアルコール依存症が重症化したため、就職も短大の教員採用すら落ち続けていました。しかし、運命の近畿大学文芸学部専任講師を採用する最終面接の日だけ！　酒を抜いて、素面（しらふ）で臨めたのです。しかも、素面なのに、自身の斬新な研究内容と熱烈な教育方針を淀むことなくアピールできたのです。依存症の当事者として、奇跡のリカバリーデイでした。時代の寵児（ちょうじ）を引き合いの出すのは、おこがましいですが、おニャン子クラブからＡＫＢ48グループまで、昭和、平成、令和にかけてトップアイドルをプロデュースして来た仕掛け人、秋元康さんは、常々「スターになる人は、強力な運を持っている。（例えば、）セリフを忘れた時の表情が、人をくぎ付けにするかもしれない。」とインタビューで答えています。人間、窮地の振る舞いにこそ、説得力が測れるのかもしれません。

スターと言えば現在、阪神タイガースのスーパールーキー、佐藤輝明さんが気になります。近畿大学に短期大学部からでも入学し、伸び伸び成長して経営学部卒！その三振かホームランで、何が悪いねん！という堂々とした振る舞いと、それを周囲や評論家たちにまで認めさせているオーラを、著者はテレビ観戦と応援という形ですが、少しでも代理体験して、メンタルの胆力（たんりょく）を練るのでした。佐藤輝明選手は、まさに、健全な自己肯定感の極みでしょう。

余談ですが、伝統ある関西学生野球連盟（関学、関大、同大、立命、京大、近大）における近大のポジショニングは、東京六大学野球連盟（早大、慶大、明大、立教、東大、法大）における著者の母校、法大のポジショニングに似ています。まさに、鶏口牛後になり得る立場。だから著者は余計に、偏差値を逆転させる判官贔屓（ほうがんびいき）になるのでした。

そんな著者ですが、就職できた後は、近畿大学の教壇に立ちながらも、アルコールの過剰摂取は続きました。元々少量しかお酒が飲めない体質にもかかわらず依存症になって、少量ずつでも連続飲酒していたことから、処理できないアセトアルデヒドという毒素が溜まって発がんし、遂にステージ4に近い下咽頭がんと診断されました。それでも病院の診察では、声帯を取るのだけは、絶対にイヤ！ と、1点の主張を繰り返していたら、声帯を残してがんだけを切除できる匠の技術を持った運命のゴッドハンド（当時京大医学部准教授）を紹介してもらえたのです（拙著『楽天的闘病論』参照）。そして声帯を残して、ステージ4に近い下咽頭がんだけを切除するという、日本では前例がほとんどない手術が成功しました。手術前に、患部の映像を見せてもらいましたが、動脈スレスレまでがんが進行しており、ゴッドハンドの執刀で、まさに首の皮一枚で生還できたのです、

ところが、その後もアルコール依存症は止まらず、がんは治したけれどもドラスティックな手術の後遺症が残る喉に、食物を詰めては窒息して、何度となく救急車で運ばれました。そして最悪のケースでは、家でステーキの肉片を喉に詰めて窒息し、心肺停止に。万事休す！ です。再び救急車で運ばれましたが、ここでも大津赤十字病院で最高の救急医さんに恵まれ、低体温療法を受けて一命を取りとめたのです。但しこの時、家族には、意識が戻るかどうかもわかりませんし、たとえ意識が戻ったとしても、社会復帰できる可能性は、1割以下だと告げられました。酸素が足りていない時間が長かったので、脳へのダメージは計り知れず、大きな障がいが残るという絶望的な状況だったのです。なのに、著者は意識が戻った途端、ICU（集中治療室）の看護師さんにペラペラと、妻とののろけ話をしゃべっていたそうです。当直の看護師さんに、低体温療法から醒めた途端、これだけしゃべることのできた患者は見たことがな

いと絶句されたのは、記憶に残っています。**ライヴ授業に固執していた人間は、どんなに脳がダメージを受ける局面に立たされても、声帯と言語中枢だけは踏ん張れるケースもある**のでした。そして、声帯が残ったからこそ、教壇に戻って来られて、本書にも経験則を記しているのだと言えるのかもしれません。

その後、アルコール依存症から回復するために、自分の病気である依存症を研究テーマにして、断酒を生きがいにしました。現在も、ポスト・アルコホリズム（脱アルコールの世界観を構築すること）が、ライフワークです。そして講演会のみならず、本来の研究対象である新聞、ラジオ、テレビからの取材があれば、すべて受けて、生き残るために断酒している姿勢を世に啓蒙しています！（拙著『脱アルコールの哲学』参照）

このように、心身の病に関しても、著者は自著の講読授業で、次世代の学生たちに超克の**代理体験**をさせています。もちろん、代理体験など、誰でもできることではありません。但し、著者の闘病記を教科書にした講読授業を履修した学生たちなら、代理体験できる動機づけは十分にあると考えて試行錯誤を重ねています。

ステージ4に近い下咽頭がんは、入院した京都大学医学部附属病院を、テーマパークに見立て、辛いはずの処置はすべてアトラクションと捉え直して、乗り切りました（拙著『楽天的闘病論――がんとアルコール依存症、転んでもタダでは起きぬ社会学』参照）。

長期に亘って患ったアルコール依存症については、研究テーマにして、断酒＝研究活動となり、回復が生きがいになって、克服がライフワークとなっています（拙著『脱アルコールの哲学――理屈でデザインする酒のない人生』参照）。

そしてコロナ禍の現在、ワクチン接種を受けるために、基礎疾患を数えてみました。身体の上から、白内障に先天的な左小耳症、下咽頭がんとその外科手術で甲状腺切除、誤嚥性肺炎を繰り返して右肺中葉の傷痕、アルコール過剰摂取のダメージで不整脈と慢性膵炎に脂肪肝、糖尿病。精神疾患では、先天的なＡＤＨＤ（注意欠陥・多動性障害）と回復はしているが完治しないアルコール依存症。一つか二つか、数え切れる持病がある人は、常にその病状が気になって、ストレスから逃れられないでしょう。しかし、ここまで多様な病気を抱えていると、いちいち気に病んではいられません。結果、すべての持病が気にならなくなって、前向きに生きてゆけるのです。数え切れない持病がある人間は、生き残るためには居直るしかないと無敵になって、自然と自己治癒力を高められるのかもしれません。

事実だけを追うと、著者のライフヒストリーは（前田ゼミを志望する）学生からの指摘通り、とてもじゃないけど順風満帆のエリートコースとはラベリングできず、見方によれば波乱万丈の黒歴史とラベリングできる部分も多いでしょう。それが、著者の説明を読むと、どこまで自己愛で塗り替えた経歴なんだと思われるかもしれません。しかし、自己愛に満ちた肯定感こそが、他人の足を引っ張るでもなく、誰も傷つけず、〈自己相対化〉（≠客観視）してサバイバルできる王道なのです。一緒にされてはご迷惑でしょうが、60代にして再び黄金期だと言ってのける自己愛に満ちた郷ひろみさんと同様のメンタリティではないでしょうか。著者は、郷さんが今でも毎年、大晦日にＮＨＫ紅白歌合戦で往年のジャケットプレー（ジャケットを華麗に脱着する振付）を披露される姿を拝見する度に、代理体験しているが如くの気持ちになれます。そして、彼の歳までまだ10年はあるのだから、自分もまだ教壇でかっこよくジャケットプレーができると意を強くしています。

歴史といえば、著者が近畿大学文芸学部で所属する学科が、２０１２年に文化学科から文化・歴史学科に改組された時のことです。その年の新入生から、「なんで歴史学科なのに、時事問題を扱うメディア論のゼミがあるんですか？」という質問を受けるようになりました。著者はその度に、「歴史は振り返るだけではありません。現在未解決の社会問題を解決して、歴史をつくる人物になって下さい。そのための学問を探究するゼミもあるのです。」と強弁を張って来ました。すると最近、ROLANDさんが、（歴史は振り返るのではなく、）俺が歴史をつくると言ってらっしゃるのをテレビで拝見して、再び同じサバイバーのメンタリティだと共感しています。

著書の自己肯定感も、環境に適応した生物だけが生き残る進化の原則に沿っているのでしょう。すると、3年次からはじまる前田ゼミ志望動機に、「社会問題を解決して、歴史をつくる政治家になるため。」と書いてくれる学生も出て来るのです。そして、実際にその一歩として、公務員試験に受かり、地元の市役所に勤めて、市会議員に立候補できる年齢まで爪を研いて待機しているＯＢＯＧたちがいるのです。

生き残るべき場所として、第二に検討するのは、【職場】です。パワーハラスメントでも〝逆手に取る〟方法を、匿名で公にする許可を得た体験談をベースに考えます。

大学に復職できた著者は、ポスト・アルコホリズム（お酒を飲まない世界観）を確立するため、断酒会やＡＡ（アルコホリック・アノニマス）など自助グループに参加していました。そこでは、著者と同じく復職できたが、職場で苦境や逆境に立たされている多くの仲間に出会います。

パワハラ受けても、生き残れ！

ある公務員のアルコール依存症者は、断酒後に復職しても、元々思想信条が違い、その方を敵視する上司から、メールや会議で、当人の人格まで否定するパワハラを受け、耐えて働く日々だと体験発表されました。職場と名前を公表しない条件で、内容だけは公表して、同じ苦境や逆境にある方々に共有してもらい、活路を切り拓く助けにして欲しいという当人の願いがあったので、紹介します。

公務員の彼が所属しているのは、福祉を扱う部署なのに、上司からは、アルコール依存症を理解しようとしないどころか、誤解の多い精神疾患の症状まで攻撃材料にされたそうです。そして、ハラスメントだと訴えようものなら、正当な批判だとかわされたようです。周囲の同僚たちも、専門分野の上司が言うのだから、当事者である自分の説明より信じられてしまいますと嘆いていました。四面楚歌です。彼が通院や自助グループ参加で、有給休暇を取った時など、その上司は、彼が来なかったせいで自分はこんなに迷惑を被ったと、部署すべての同僚へメールで訴えたりされたそうです。そんな事態が続いた結果、彼は自分の仕事以外でも、頼まれた業務は一切断らずに請け負うことで攻撃を回避し、ひたすら踏ん張って働く日々だったと苦しい胸中を語りました。

精神科の主治医からは、「相手が間違っていても、絶対に反論しないように。繰り返しパワハラしてくるような相手は、攻撃することが生きがいで、攻撃すれば脳内に快楽物質が分泌される依存症の恐れすらあります。なので、常にあなたの反論を待っているのです。たとえ、あなたの反論が正論で、裁判をすれば勝てたとしても、攻撃が生きがいで依存症の相手は争いを好んで喜び、ダメージを受けるのは適応障がいのあなたの方になるのです。」と言われたと聴きました。これは、戦争の歴史を見れば明らかです。争いごとの根本原因を解消するよりも、攻撃することが目的とであった戦争は、国内の勢力争いでも国家間でも民族間でも、歴史を紐解け(ひもと)ば枚挙に暇がありません。現時点で、何十億人もいる個人間に、片方が攻撃を目的とした争いなら、無限に起こり得るでしょう。

よってパワハラを受けた彼は、どんな理不尽なことを言われても我慢したようです。たとえ彼が名誉回復のために正論を主張したとしても、狡猾な相手は、対決さえできれば、ダメージを受けるのは精神的に弱っている彼の方だとわかっているのでした。もし言い争えば、彼は適応障がいから、最悪の場合、再飲酒して病院送りになったかもしれません。だから彼は反論せず、理不尽な暴言を受けても、ひたすら謝罪しては踏ん張り、目の前の仕事をこなすのみだったのです。

以上の体験談ですが、酒をやめて何年も経っている彼にとっては、もはや被害妄想ではありません。彼も飲んでいた時は、万能感があふれ出るモンスターのような存在だったと反省していました。誰もが恐れて、批判もして来なかったそうです。ですから復職当初、彼が理不尽なパワハラを受けた時は、飲んでいた時の方が、誰からも叩かれずに楽だったと思い、脳が再び誤作動して、再飲酒したくなったと告白もしていました。気持ちは良く理解できます。しかし、もしも飲んだら、彼は自分の身体の心配より、人格まで否定され、絶対に許せない上司や同僚に、残酷な復讐をしてしまいそうな自分が怖いとも言っていました。よって、定年で職場を去るまで、抗うつ剤はやめられませんと正直に打ち明けてくれていたのです。

復帰した職場に、アルコール依存症者の人格を否定する攻撃的な上司や同僚が一人いるだけで、地獄です。よって、自助グループでは、人格否定される職場において飲まないで働いた日々のストレスを吐き出して、〝息つぎ〟をして！　また次回、ここ（自助グループ）で聴いてもらえるまでは、理不尽なパワハラにも耐え、飲まないで踏ん張って働こうと体験発表は結ばれていました。

そして現在の彼は、誰から攻撃されても、決して反論しないだけではなく、正論を主張するにも、言い方を変えたそうです。自分が正しいのだから理解してくれと主張するのではなく、こういうケースの場合、こういう考え方もできるのではないでしょうかという例示からはじめるそうです。それは当初、理解してもらえない上司や同僚からの攻撃を避けるためでしたが、結果、万人（市民）に受け入れられるもの言いへと進歩したのです。そしてそれは、公務員というすべての市民に対応しなければならない彼の仕事を、充実させる結果となりました。理不尽なパワハラに対抗して軋轢（あつれき）を生み、傷を負ったり負わせたりするよりも、慎重さを重ねる行動様式に変化（進歩）することによって生き残った彼。結果としてハラスメントを逆手に取って、万人に通じるコミュニケーションスキルを体得した一例です。まさに環境に適応した生物だけが生き残り、それが進化だと評価される生物学の一説に適った逸話でした。

このサバイバル法は、誰でもできるわけではありません。しかし、あらゆる市民を相手にしなければならない公務員のみならず、あらゆる生徒を相手にしなければならない教職志望の学生たちにも、彼が生き残って、万人に受け入れられるコミュニケーションのスキルを体得した足跡が参考になるでしょう（拙著『楽天的闘病論』pp.141-142.参照）。

生き残るべき場所として、最終的に検討するのは、【現代社会】そのものです。未解決の社会問題に対して、〝相対的な解決〟法を考えます。

日本は、人口の高齢者比率が世界で最も高い超高齢社会です。しかし、課題先進国だからこそ、解決策を示すことができたならば、そのノウハウは、これから高齢化が加速する全世界の国々に提供できて、詳細な政策は輸出できるでしょう。

高齢者と共に、生き残る

例えば、高齢者ドライバーの問題です。事故の危険性は年々高まるばかりなので、運転免許証の返納に関して、その是非が問われています。

しかし若年層を見れば、心身共に機能が備わる平均値としての18歳までは運転免許が取れません。よって、心身共に機能が衰える平均値としての75歳くらいで免許を返納してもらうことは、道理に適う（かな）のではないでしょうか。

免許を返納した場合、高齢者の交通手段が問題視されますが、18歳未満が通学できていた手段があれば、通学圏内で日常生活ができる、生き抜ける、生き残れるはずです。公共交通機関では、通学定期券に代わり、無料の高齢定期券を発行するなども一案。もちろん技術革新から、高齢者には普段の行動履歴を入力した自動運転車を配車するのが、理想的なサバイバル法でしょう。それは最終的に、技術革新が叶えてくれるはずです。

同様に、精神的な成長が認められる18歳までは選挙権がないのですから、認知症の高齢者には、選挙権も返納してもらえないでしょうか。老人差別だと批判されそうですが、田中角栄の在りし日の映像をテレビで見て、まだ生きていると信じて疑わない著者の母などに、一票は必要でしょうか。今まさに政治・経済を勉強している多くの高校生には、一票（選挙権）がないのに、矛盾していないでしょうか。

もちろん高齢者は、保護されるべき立場です。大学院で、中国の留学生と意見交換していると、中国は定年が日本より早く、50代で高齢者扱いになることも少なくないそうです。そこで、日本と同じく介護問題がひっ迫している上に、元気な高齢者が溢れる矛盾をどう解消すべきかと問題提起してくれました。

大学院の授業で議論の上、出て来た解決策の一案です。

早めの定年後、元気な高齢者が介護職を担えば、ポイントが貯まり、自分が介護を必要とした時、優先的に使えるという、かつての献血で適用されたみたいな制度です。中国は、全国民を点数化できる信用スコアの国です。すぐにでも運用可能でしょう。但し、点数稼ぎのため、いやいや行う介護は本当に有効なのかという異論も出ました。それに対して、中国の留学生が放った意見は、介護の現場もカメラで監視して、虐待は大減点、笑顔は加点にすればいいという解決策です。さすが、監視と点数化の先進国。イヤイヤ介護でも、点数稼ぎになるのであれば！　ファーストフードの店員さんのようなスマイルは担保され、介護される側も心理的な安息を得られるという結論でした。そして、ポイントを貯めるため、元気な高齢者が率先して介護職を担えば、マンパワーも確保できて、介護保険料の高騰も抑制できるのではないでしょうか。

日本は、５Ｇなどハイテク産業はおろか、ＧＤＰ（国内総生産）でも中国に追い抜かれたと悲観する向きもありますが、サバイバルするなら逆でしょう。かつての中国が日本にして来たように、しばらくは先行する中国の技術進化の成否を見極めながら、使えるところだけパクって！（活用して、）楽をしましょう。そして、本気になりたければ、来るべき６Ｇか７Ｇの段階で抜き返す。それが、文明進化のサバイバルゲームなのです。

具体的なヴィジョンを考えてみましょう。来るべき主流の電気自動車には蓄電池が必須ですが、日本の蓄電技術はトップレベルでした。それがコストの面から現在、世界シェアは中国に抜かれているのです。さらに、中国では電気自動車に必要なガソリンスタンドならぬ充電スタンドでの充電時間を節約するために、乾電池が如くスタンドで充電済みの電池を入れ替えるだけの効率的なシステムを展開しています。しかし逆転の芽はあります。日本は国産電池を搭載した電気自動車が、公道で炎上する事故を世界で最も起こしていません。それは、液漏れによる炎上リスクが解消される全固体電池で、パナソニックやトヨタが世界最高の技術を持っているからなのです。中国では電気自動車の炎上事故が絶えません。行く末は言わずもがなでしょう。中国で展開されている蓄電池入れ替えスタンドのオペレーションだけをパクって！（活用して、）中身は技術的に最も安全な日本の全固体電池を入れ替えるのです。これで、電気自動車とその電池の運用で世界基準をリードできるでしょう。

介護の黙示録――我が家のダークサイド

高齢者でも認知症となると、家族は対応しきれないケースも出て来ます。たとえ軽度の認知症であっても、それが引き鉄（trigger）となって、これまで理性で抑えられていた本性が歯止めなく、人間性が薄れて動物のように本能が全開となるケースも多いのです。自分が決めたことだけが正しいのだから、家族は全員従うのが当たり前だとか、自分の行いだけが正義だから理解しろ！　などと支配（control）して来て、遠慮のない言動しか繰り返さない親と日常生活を同じくできるでしょうか。

著者の実母（91歳）がこのケースに当たりました。現在、要介護認定は1で、ＣＴで頭の内部を診ると、脳の萎縮も酷（ひど）くはありません。物忘れも、最初は見たはずの名作映画が思い出せないくらいであれば、同じ映画も毎回封切の新作だと家族で笑って、衰えを受け入れ、生かすこともできました。即ち皆で、両親（父が精神科医で、母がカウンセラー）が敬愛していた深層心理学者、ユングの老いを肯定する考え方にもなれたでしょう。しかし、着慣れた下着をある日突然、自分のものではない！ 自分がこんなセンスの悪いデザインを買うわけがないでしょう！ と言い張るなど認知症の兆候を示し始めた母でした。その後、奥歯が化膿して入院した時などは、家族が持って帰った保険証を、看護師さんが取り上げたと言い張ってはナースステーションに押しかけて、その度に家族が（保険証は）持って帰って家にあると母に説明しても一切聞かず、看護師さんが取り上げたと言い続けて、ナースステーションに詰め寄る繰り返しだったそうです。客観的に見ると、人間性が薄れた動物的な支配の行動でしょう。遂には、病棟から家に電話があって、仕事の障害になるので早く連れて帰って下さいと言われる始末でした。

そして、要支援ではなく要介護と認定された母ですが、元々、家でモノが紛失すると、必ず嫁（著者の妻）のせいにして、後から自分の部屋で見つかっても、平気で知らん顔できる気質ではありました。これで、認知症は軽度です。そして、当人は言いたい放題でストレスフリーですが、支配して来る母からは逃げられない家庭で毎日対応している家族の心は、確実に狂って行きます。

精神科医だった亡き父も超支配的な親でしたが、父が強権を奮っていた頃は、暴力的な父の陰に隠れて、支配的な母も、子どもである著者にとっては比較的安全な親に感じられていたのです（注：拙著『脱アルコールの哲学』pp.19-20.参照）。しかし、人間に限らず、本来は周囲

（人間なら家庭や家族）に適応した生物しか生き残れないはずです。つまり、言い換えれば、自分に周りを適応させようとして、支配者のように振舞った生物は恐竜然り、滅びるのが宿命でしょう。ここには書けない我が家の病的な内情（privacy）は、57年間の歪んだ家族関係の歴史の中で限りなくあります。本書には、読み手と共有できれば、問題の所在と解決策の根拠（evidence）になると思われる必要最小限の情報のみを繰り返して、熟慮しながら考察して参ります。

母は、元々息子である著者の人格も自分（母）が決めるものだと考えており、それが母親の愛であり正義だと主張して譲りません。子供に対しては独占と束縛を旨とする、まさにグレート・マザーです。とりわけ日本では、子どもを自分の持ち物だと錯覚して、（他の先進国では考えられない）親子で無理心中を図るなど、特化しがちな心理状態なのでしょうか。それに反発して生き残ろうとしている著者には、多くの植物が多様性を担保するために自家受粉を避ける「自家不和合性」（self incompatibility）と同様に実母からは離れようとする精神力が、本能的に湧き上がって来たような気がしています。

《愛》を理論的に分析する前出の心理学者、フロムが（親子間でも兄弟姉妹の間でも、）人間の《愛》の構成要素として、第一に挙げている相手への「配慮」（care）や「気遣い」（concern）が、母には、まったくありません。あるのは、自分勝手な正義感に基づいた支配関係のみです。著者には、人間性が欠如した動物的な主従関係としか映りません。このように人間としては錯覚したままで、認知症が加速していくと取り返しがつかない乱心となるのは火を見るより明らかでしょう。

自家受粉と言えば、母は自分の戒名はおろか、息子である著者の戒名まで既に決めていて、書いた紙を仏壇に仕舞っていました。自分の死後、遺された世界まで支配しようとは、空間（共時）だけでなく時間（通時）も支配するために元号を制定するなど、歴史上の権力者が抱くようなメンタリティではないでしょうか。

もちろん、これまでも著者の別人格は無視されてきました。著者が子どもの頃、母に無理やり入れられた体操教室で、いじめに遭ったと訴えた時には、情けない！　いじめられるような子に産んだ覚えも、育てた覚えもありません！　と著者の人格を全否定されたのです。そこには人間的な思慮などなく、弱肉強食の動物的な価値基準しか存在していないではないでしょうか。以降、子ども心に、苦境や逆境を訴えても、必ず情けないと却下されるので、親には悪いことは報告しない思春期を過ごしました。もちろん結果論からすれば、この見えにくい精神的な虐待構造が、運命は自分で切り拓くしかないと著者を上京させて、臨床社会学者となるまで後押ししたと考えられなくはありません。だからといって感謝できないのは、今も母による家族を支配しようする言動は続いているからでした。

母は現在も、自分の息子である著者が、アルコール依存症であるはずがなく、すべて嫁（著者の妻）がでっち上げたのだと心の底では思っています。ですから、家では嫁（著者の妻）に面倒を見てもらっているにもかかわらず、母は著者の妻である嫁のことを信用していません。しかし、現実は逆でした。

ステージ4に近い下咽頭がんから生還できた著者は２００９年、はじめて中学の同窓会に参加しました。そこで再会して、お互い46歳で結婚した著者と妻は、中学1年の同級生だったのです。友人がほとんどいない人生を肯定して来た非社交的な著者は、重篤な病から生還でもしていなければ、人生を振り返ることなどなく、中学の同窓会にも出席していません。よってこの結婚が、がんを患ったことでさえ間違った人生ではなかったと、著者を運命論者にならしめた所以でしょう。そして、賢明な妻は、著者のお酒の飲み方がおかしいと〈直感〉で気づき、ネットで調べてアルコール依存症を知り、専門病院を調べて一緒に通院してくれ、著者を回復の道へと導いてくれたのです。正しい「理解」（knowledge）の上に、イコールパートナーとしての「敬愛」（respect）に満ちた妻の行いこそ、フロムが「配慮」や「気遣い」の先に《愛》の構成要素とした「責任」（responsibility）ある行動だと言えるのではないでしょうか。もし、妻が著者のアルコール依存症を認めて、回復につなげてくれなければ、著者は死んでいたと思います。アルコール依存症者が飲み続けていると、平均寿命は52歳というのが定説でした。アルコールの過剰摂取が心配されていた国民的な映画スターも国民的な女性歌手も、ちょうど52歳で天に召されています。アルコール依存症は、自分の意志では、飲酒欲求を止められない脳のコントロール障害です。よって、この精神疾患は、自分でアルコール依存症だとは認めることが難しい否認の病なのです（拙著『脱アルコールの哲学』参照）。

アルコール依存症の専門医によると、著者のような親子関係は多いようです。その場合、アルコー依存症者は、妻の客観的な判断を退けて、一緒に病気を否認してくれる母の側について飲み続け、悲劇的な結末を迎えるケースが多いそうです。著者も、息子に限って、アルコール依存症であるはずがないと信じて疑わない母と二人暮らしのままでは、著者の飲酒は誰にも止められず、飲み続けて確実に死んでいたと想像されるのです。その結果、この本は書けていません。しかし、著者は社会学者で教育者です。アルコールを飲み続けながらも、教壇には戻り、次世代に向けて学問を説きたいし説けると信じていた脳が、結婚後は、母の感情的な言葉より、妻の客観的な分析に一理があると判断しました。これも、多くの植物が持つ（多様性を担保するために）自家受粉しない「自家不和合性」の本能が、他家受粉に傾くように、著者の思考は、自家撞着（自己矛盾）する母の言葉ではなく、血の繋がっていない（客観的な）妻の意見に一理があると認めたのでしょう。妻は、著者の命の恩人で、心から感謝しています。

そして好き勝手な言動を繰り返す支配的な母は、認知症を免罪符にして、ますますストレスフリーになりました。母は、他人の話を全く聞かず、自分の言いたいことだけ言っては、周りが従わないと不満も言いたい放題です。それは、人間の理性が薄れた動物的な振る舞いにしか見えません。母は、自分で納得できる話は聞くと言い張りますが、母が納得できる話とは、自分の主張と全く同じ話だけです。少しでも違う意見は納得できないからと却下します。または、自分の主張と同じ話が聞けるまで、永遠に同じ問い掛けを繰り返して来るのでした。そのような人間は、誰とも等価の双方向コミュニケーションが成立せず、人間社会では生き残れないはずです。家族における生身の関係とは、感情が伴わなくともコミュニケーションが成立する国家間の外交でも、ビジネスシーンにおける交渉でもありません。

狂乱する家族のエスノグラフィー

繰り返しになりますが、母は息子である著者の別人格も決して認めません。最後まで母は自分の言う通りにしていれば間違いはないと息子である著者を支配して来ました。それが母の愛であり、絶対の正義だと信じて譲りません。人間性が欠如した動物的な親子の主従関係です。さらに母は、息子はおろか他者の話も聞いてはいても、内容は何一つ聞き入れないので、何を話し合っても解決できる問題などないのです。そんな支配的な母に対応しきれないアルコール依存症から回復中（断酒7年過ぎ）の著者は、過度なストレスから、いつ飲酒欲求の回路が再起動してもおかしくない精神状態になりました。但し、再飲酒したら、独善的な母によって嫁（著者の妻）のせいにされかねないので、著者は絶対に飲みません。母と著者の関係は、もはや独裁国家と独立国家の外交、交渉の様相です。家庭内では解決できません。

地獄でした。ゾンビ映画より生き地獄でした。相手は、生ける屍ではなく、動物的であっても生きている人間だからです。殺せません。いや、相手は、愛する息子に殺されるなら本望だと公言して憚(はばか)らない確信犯（思想信条の異常者）の母なのです。

しかし活路は見出せました。相手への「配慮」（care）を見極める賢明な〈ケアマネジャー〉（介護支援専門員）さんが母の支配的なパーソナリティ障がいを察知して、解決策は、（物理的に距離を取る）「世帯分離」しかないと言ってくださったのです。これも、多くの植物が滅びないために自家受粉を否定して切り離し、他家受粉する「自家不和合性」に類する自然な選択の運命でしょう。「世帯分離」すれば、サバイバルの為に没交渉できるからです。ケアマネさんに来て頂いた頃、著者は、母の支配的な言動に対して、言葉で反論しても、説明しても通じないため、行き場のない怒りを、母を殴る代わりに、自分の足を叩いては解消していました。その結果、太ももには青あざができ、壁を叩いては手を痛めていました。異常な母が家庭にいるだけで、家族までが、人間性を失い始め、動物的になるのです。著者による自傷まがいの行為を妻から聞き及んだケアマネさんは、著者がいつ支配的な言動を繰り返す母を暴力で封じるしかないという決断になるかもしれないと危惧されて、物理的に離れる「世帯分離」を勧め、進めてくださったのです。世間でも（心身の）虐待に至る最初の理由は、このようなケースも多いのでした。それは、国際紛争も同様でしょう。だからこそ、戦争に至る前に、断交（国交断絶）するのも最悪の結末を回避するための手立てなのです。

国家間における戦争を回避するための国交断絶と家族間における（心身の）暴力を回避するための世帯分離は、アナロジー（類比）できるでしょう。

人間像だけを考えると、サバイバル心理士だと嘯く著者も藁にもすがる思いでした。余談になりますが、フィクションの世界さえ探って、解決策のエビデンスを求めてしまいます。例えば、人間界のダークサイドを描いた稀代の怪奇作家H・P・ラヴクラフトの短編「彼方へ」を、これまた奇才スチュアート・ゴードン監督が映像化した佳作ホラー『フロム・ビヨンド』に解き口が見えました。以下、１９８７年日本初公開当時に著者が観た印象です。

映画は、謎の科学実験をしている研究室で、若者が身近な人物に対して、一見すると外面や所作は人間だが、何か変異を感じると言い始めて精神鑑定されてしまいます。しかし鑑定に納得のいかない若者たちが、異変を感じる人物の顔面や表皮を裏返してみると！　なんと内面が異様な怪物になっていたなどという、とんでもない寓話が展開します。そして、それがどんなに近しい人物で外面や所作が人間であったとしても、裏返せば異形の内面だと知ってしまった普通の人間なら、そのまま付き合うわけにはいかないでしょう。最後は、なぜか精神科医に再起動された共鳴装置で開く異次元の向こう側（beyond）へ、内面が異形の人物には引っ込んでもらう、つまり棲み分け（≒世帯分離）するしかないという想像を絶する物の理で結ばれていたのです。

しかし、これまでのケアマネさんは、「親子関係なんて、そんなもんですよ。」と言って、母の支配的な異常性には気づいてもらえませんでした。だから放置しておくと、支配的な母の横暴が加速して、対応しきれない家族による反駁としての（心身の）虐待など（暴力であり、戦争）に発展してしまう危険性があるのです。いわゆるベテランの経験値によるセンサーを機能させて、危機対応に「世帯分離」を勧め、進めてくださったケアマネさんには、心から感謝しています。

現在、なり手がいない、人材不足の〈ケアマネジャー〉には、給与面や介護利用者からのパワハラ、セクハラに対するメタなケア（ケアマネジャーさんへのケア）、管理者に対する内外の正当な評価（責任の明文化）など、待遇改善はもちろんのこと、中でも有能な〈ケアマネジャー〉に、地位と名誉を付与できる社会や世間であって欲しいと、著者は切に願います。

この度、著者が直面した家族の超高齢問題に対しては、賢明な〈ケアマネジャー〉さんが即座に、名だたる心理学者や社会学者の説明よりも腑に落ちるファシリテート（支援と導き）をしてくださり、どんな優秀なドクターよりも、有効な処方箋（世帯分離）を切ってくださいましたから。

さらに、母が施設に入居後も、新しい担当の若い〈ケアマネジャー〉さんが、心理カウンセラー、橋本翔太さんの動画（「毒親呼ばわりされた上に子供が去って行きました。苦しいです。どうしたら、また子供たちと連絡も取れてやり直すことができますか？」）をご覧になって、母のパーソナリティ障がいを理解してくださいました。その上で、〈ケアマネジャー〉さんが、すべての連絡事項に関して、母と家族の間に入って、直接対決を避け、メディア（緩衝役）として機能してくださっています。若いのに洞察力と理解力、そして意欲のある優秀な〈ケアマネジャー〉さんでした。

そして、有能な〈ケアマネジャー〉さんと出会えたら可能な限り、その方との関係性は維持してゆきましょう。後からどのような事情で頼りないケアマネさんに担当が変わったとしても、一度築いた信頼関係のあるケアマネさんにずっと相談させてもらえることが、介護する側とされる側、頼む側の間で生き馬の目を抜くケアの世界を渡り歩く場合、サバイバルの王道です。名だたるマネジメントと言えば、実はタレントと芸能マネージャーの関係性も同様らしいのです。名だたるタレントさんの多くが、一度有能なマネージャーさんに担当してもらったら、その関係性はずっと維持して、担当マネージャーが変わっても見守ってもらい、力になってもらうと言明されています。対人マネージャー、即ち人間をマネジメントする世界観は、どこも同じ様相なのでした。

さて母のケースです。具体的な解決策としては、２０２０年12月末、母自身が気に入ったリバーサイドにある環境の良い上品な住宅型有料老人ホームへ入居してもらいました。これは家族の話を一切聞き入れない支配的で異常な**母の自尊心に、最後の一理を認めた家族の対応**でした。

認知症の高齢者を、名優アンソニー・ホプキンスが好演して、アカデミー賞主演男優賞を受賞した映画『ファーザー』（２０２０）でも、子ども夫婦や介護者では話が通じなくなった高齢の親を、最後はプロが対応してくれる老人ホームに委ねるしかありませんでした。

そして我が家も、一時の安息が戻ったのです。

母の老人ホーム入りは、介護費用の節約が主目的ではない、危機管理のための物理的な「世帯分離」です。家族でありながら、厳しい対応だと思われるかもしれません。しかし、著者自身がアルコール依存症から回復するためには、断酒を続けるしかないという情に流されない、情も断つ危機対応を心得ることによって、生き残って来られたのです。

人生最凶のサバイバル

ところが２０２１年、老人ホームで居直った母は、物理的に離れた先からでも家族を支配的にコントロールしようとします。電話や手紙、メールは、常に命令口調で支配しようとして来るのです。しかし、母が無自覚なパーソナリティ障がいだとしたら、距離を取ることも大切で、巻き込まれたら、逃れられません。「世帯分離」した意味がなくなるでしょう。心理的支配は、物理的支配が及ぶ範囲を超えて来るのです。こちらが連絡を受けさえすれば、家族を使用人のように扱い、母が欲しいものは大至急、車を飛ばしてでも持って来るようになど、命令して来ました。母とのチャンネルを開けると、実質一方的なコミュニケーションしか成立しないので、家族の精神的な負担は、ストーカーの被害者と同様、終わりがありません。第三者には分かりにくいパーソナリティ障がいの相手に巻き込まれたら、共倒れでしょう。信頼できるケアマネさんの共感を得て、携帯電話は着信拒否、家の電話は常に留守番電話にして受けません。しかし、SMS（ショートメッセージサービス：相手の電話番号を知っていれば、確実に届く短いメール）だけは着信拒否の設定が複雑で、著者にはできないので、途切れることなく命令口調の支配的なメールが来ました。日増しに、著者の精神は病んで来ます。子どもの頃から、別人格の著者の話は一切聞き入れなかったくせに、自分の命令だけは聞けと、著者が大人になっても、大学教授になっても、母の支配は変わりません。それどころか、認知症が引き鉄（trigger）となり、母が息子を支配するのは、愛であり正当な権利だと居直り続けるのです。また、手紙も老人ホームで預かってもらい、投函しないでもらうことも勧められましたが、一方通行で間隔があく手紙だけは受け取って読みました。しかし、これも、家族への自分勝手な要求を正義だとする唯我独尊の支配的な文面に気が滅入り、著者は抑うつ状態になるだけです。本当に、ストーカーに苦しむ被害者の精神状態が良く理解できました。果ては、著者から母へは一切連絡していないにも拘らず、「今、電話くれたのに、トイレで出られなくて、ごめんね。」とか、「昨日、一昨日とメールくれたのはわかっているのですが、内容が出て来ません。」などと妄想なのか、詐欺なのかわからないSMSが届くのでした。本当に詐欺と一緒で、これに一度でも反応してしまったら、母の愛に従う息子という妄想と独走（暴走）は止まらなくなるでしょう。メディアが発達したおかげで、心理的支配は物理的支配の範囲を軽々と超えて来るのです。そして、チャンネルを限定されても相手を支配しようとする者が放つ妄言とは、一部の詐欺師が使う虚言と同様の心理状態からなのかもしれないと考えられるのでした。だからといって、被害者にとっては、どちらも許せるものではありません。

唯我独尊とは、本来お釈迦様が誕生した時に、我こそが最も尊い存在であることを示した言葉でした。しかし現在、俗人を指しては独裁者の比喩に使われます。そして、元来強すぎる自尊心を持った人間を、認知症が加速させて、唯我独尊の境地へ誘うケースがあるのです。

著者の母は、相手の話をまったく聞き入れていないのに、自分の言いたいことだけ相手に聞かせる支配的な態度で終始しており、それに対応する家族は、母とのコミュニケーションすべてがストレス以外の何ものでもありません。母は認知症だから、相手の話を忘れるのではありません。利己主義の信念を持って、最初から聞き入れない確信犯です。よって、自分の考えと違う話は、その時点で聞かなかったことにできるのです。文字でも同様です。相手の書いた文章は読むだけで、気に入らない内容を何一つインプットしません。シャットアウトして知らん顔。そして、自分の書きたいことだけ書いた文章を送り付けては、読ませることの繰り返しでした。母は、自分が言いたいことだけを相手に言い聞かせ、書きたいことだけを書いては送り付けて、ストレスフリーです。しかし、家族は言ったことや書いたことが、母の気に入らない内容なら、無かったことにされるコミュニケーションが、すべてストレスにしかなりません。過度のストレスに晒され続ける家族が、心身ともに健康で生き残るためには、物理的な「世帯分離」、つまり母とのコミュニケーションをすべて断絶する没交渉しかなかったのです。あらゆる生物は、周囲に適応した者しか生き残れません。自分に周りを適応させようとした生物は、支配者になどなれずに滅びゆくのが、本当は自然の摂理でしょう。

これからは可能な限り、断絶を貫徹して、母がいざという時には、老人ホームに常駐する介護のプロである〈ケアマネジャー〉さんから家族に連絡をしてもらうようにします。それでしか、家族は心身ともに健康的には生き残れません。せっかく物理的に「世帯分離」できたのですから、そこで母には自己完結してもらいます。自身の経験から、心身の介護とは、最終段階によってはプロに任せないと、家族が発狂するしかないケースもあるのです。支配的な母は、家族のことを一切思いやらずに、言いたい放題なのでストレスフリーです。それに付き合わされる家族の心は、どんどん狂って行きます。まだまだドラマは終わっていません。冒頭で、自身をサバイバル心理士だと大見得を切っておきながら、結局は支配的な母に狂わされて人生が終わったら、本書もとんだインチキ本になります。

軽度の認知症が引き鉄（trigger）となって理性のタガが外れ、独裁国家のように振舞う母と比喩した通り、国際関係、外交も同様です。暴力の応酬、つまり戦争を回避するために、国交を断絶する断交も、次善の策の一つなのです。物理的な没交渉の「世帯分離」や「国交断絶」は、最悪のシナリオなのではなく、戦争という暴力で解決するディストピア（反理想郷）にならないための知恵であり、工夫によるセカンドワーストでもあるでしょう。危機管理のための「世帯分離」や「国交断絶」は、決して最悪の結末ではありません。

ただ、国家間紛争と違って、家族内の問題は相対化できます。相対視できる介護職がいて下さるのです。ですから、心身ともに親の介護は、プロに任せましょう。対して、国家間紛争で調停役は、相対的な立場として認められることが滅多にありません。介入すれば紛争の当事者、当事国になりかねないのです。残念ながら、国家の介入は、人間の介護のようには機能しないでしょう。

親が死なない時代

人間は、生殖能力を失っても長生きできるようになった奇特な生命体です。これは他の生物が持ちえなかった機能でしょう。生殖能力を失った者の社会における存在意義は、高齢者が例えば共働きする両親に代わって、孫の面倒を見るなどの役割だったはずです。しかし、少子高齢化の先進諸国では、その役割が保育園や保育所にアウトソーシング（外部委託）されるなど、必ずしも高齢者を必要としなくなってしまいました。

では現代社会において、高齢者が必要とされる場面はないのでしょうか。著者は、孫の面倒を見る代わりに、現役世代の負担になっている町内会の役員など、身近な行動範囲で済む地域貢献の役割を年金世代以降に担ってもらうのが、最善の策だと考えています。

救いのない我が家の暗黒面を紹介して来ましたが、臨床社会学者としての顔も持つ著者としては、サバイバル法を考えなければ名折れになります。正解のない問題です。でも現時点では、以下の3段階を経て、ブレイクスルー（活路）を探っているのでした。

まず、ある程度の時間経過から期待される母の〈自己相対化〉（≒客観視）です。本書の冒頭でも紹介した心理学者のフランクルは、ナチスの強制収容所という極限状態でも、自分を笑い飛ばせるだけの〈自己相対化〉を図って、心身ともに生還しました。

3ヶ月以上、著者が母からの支配的なショートメールには、一切返信しないで、介護のプロに面倒をお任せした結果、時折ですが他者への支配欲もクールダウンしたかに見えて来ました。例えば、母自身の本棚にあった精神科医の岡田尊司著『母という病』を読み返している様子です。普通であれば、〈自己相対化〉を図っていると考えられるでしょう。母の夫、即ち著者の父は、京大で医学博士号を取った厳格な精神科医だった（注：拙著『脱アルコールの哲学』pp.19-20.参照）ためか、他者の話をまったく聞かない母も、京大医学部出身の精神科医が考える所見だけは、自尊心に適い、精読している様子でした。

アルコール依存症の当事者でもある著者自身も、アルコール依存症専門病棟のある京都の精神科病院、いわくら病院に3ヶ月入院して、アルコール依存症の実体を学び、相対化できたから、回復の道を歩めたのです（拙著『楽天的闘病論』参照）。そして現在、臨床社会学者でもある著者は、母がどのような形を経てでも、息子を支配することが母の愛で正義だという確信犯から、息子の別人格を認めて、人類に普遍的な《愛》の構成要素である相手への「配慮」や「気遣い」ができる普通の社会的な人間になってくれることを願います。

次の段階は、著者もアルコール依存症から救ってくれた賢明な妻の力にお願いするのです。優しい妻は、著者が絶縁している母にも、これまでお菓子などを差し入れてくれました。すると、息子一辺倒だった著者の母から、妻だけ宛に感謝のハガキが一回だけ届きました。母が心底は信用していなかった妻の優しさに触れ、一瞬でも人間性を回復してくれたように思えて、嬉しかったです。

母の息子支配の脳を改善させるため、著者は可能な限り、母との関係は断ち続けます。母子が接点を持つと、無自覚にせよ母親の愛という名の息子に対する支配欲が再燃するからです。接点さえあれば、母は、息子である著者がそんな母を無条件に受け入れたと誤解、錯覚した挙句に、言動がエスカレートしかねません。その地平には、90歳を超えた母が超高齢者として精神的に退行して行けば、動物の赤ちゃんのようになって、立場の逆転した母子一体を引き起こす恐れもあるのです。最後には、自分の息子から片時も離れられない親子関係を求めかねません。よって原則、母のケアは老人ホームにいらっしゃるプロの介護スタッフにお任せします。具体的には、やはり相手への「配慮」（care）を司る〈ケアマネジャー〉さんが頼りです。

そして万が一、母と家族の間になんらかの直接的な接点が、どうしても必要な場合は、妻には負担をかけて、本当にごめんなさい。著者ではなく、妻が著者の母に接見してもらうようお願いするつもりです。そして、息子ではない嫁（著者の妻）という他者の優しさを人間的に心底理解して、唯我独尊ではない社会的な人間にわずかでも成長してくれることを最後に期待します。いや、認知症がはじまった母には、わずかでも成長を期待するのは酷かもしれません。しかし、その動機づけだけでも芽生えれば、尊重したいのです。「今度こそ！ ママは成長するからね。」は、つい最近まで母の口癖でしたから。認知症がはじまっても、癖は忘れません。但し、成長という耳障りの良いキラーワードも、結局は母の方便に過ぎず、聴く者を油断させては、支配を重ねて来られた57年間でした。

２０２１年４月、息子には分からぬ母の夏物衣類を、妻は家で見つくろって、黙って老人ホームの母宛に送ってくれました。

第３の段階は、時間は掛かるでしょうが、老人ホームにおける自助作用に委ねることです。老人ホームにある意義の一つは、同じ境遇の人々が集い、互いに精神的に助け合うことです。そこには、著者がアルコール依存症から回復する過程で、参加した自助グループと同様の機能が期待できるのではないでしょうか。著者は、断酒会やＡＡで他の依存症者の体験談を傾聴しているうちに、アルコール依存症という脳のコントロール障害が修正されて行きました。つまり、息子への支配欲が、母の愛だと勘違いしている母も、他の入居者と話し合い、意見交換が繰り返されれば幸いです。結果、子離れした他の高齢者たちの考えにも一理あると感じてくれたら、親であっても別人格の子どもを支配することは許されないのだとようやく〈観念〉してくれるかもしれません。精神科医の和田秀樹さんも、認知症の抑止には、読書より会話、インプットよりアウトプットだと言われています。アルコール依存症からの回復を目指した著者は大学を1年間休職して、ほぼ毎日、自助グループに参加して体験談を語り合った結果、アルコール最優先だった脳の回路を修正して行けたのです（拙著『脱アルコールの哲学』巻末、自助グループ出席記録一覧表参照）。

以上が、現時点で著者が考える母の支配からの脱却プロセス3段階です。母も生き物なので、思うようにはならないかもしれません。いや、ならないでしょう。でも、今、著者が考えられる最善の工程なのです。母と同居していた時は、希望を失い、支配的な母を暴力で封じるしかないと開戦前夜でした。人間は希望を持たないと、最悪の手段を選び、最悪の結果を招く恐れがあります。

しかし、この物語は、誰が見てもデッドエンドです。子どもを飲み込もうとするグレート・マザーは、現実に死なない時代であり、（メディアの発達によって、）像すら消せない殺せない社会なのですから。著者の母は、精神科医だった亡き父の影響で、１９７０年代に河合隼雄先生のカウンセラー養成講座を修了しています。よって、母の支配的な言動は、すべて信念に基づいた確信犯なのです。

それでも心理学をかじった母なら、本書の冒頭に挙げたナチスの強制収容所から生還した心理学者、フランクルのように、自分の置かれた立場を相対化して欲しい。いや、サバイバル心理士だと嘯（うそぶ）いた著者が、母からの支配を笑いに変換するくらいのストレス・コーピング、対処法ができていないと本末転倒なのでしょうか。せめて、ここに言語化、文字化、そして書籍化している工程は、〈自己相対化〉（≒客観視）のサバイバル道になると信じたいです。

この問題提起の最初にも記しましたが、ここには書けない我が家の病理現象（privacy）が、まだまだいくらでもあります。本書には、読み手と共有しなければ、問題の所在も解決策の論拠（evidence）も希薄になるため、共有できる必要最小限の情報のみを繰り返しながら考えました。

言葉は悪いですが、親が死なない時代です。多くの生物が、子孫を残したら、生物としての役割を終えて、死に向かいます。しかし、人間だけが生殖可能な期間を閉じても、とんでもなく長い余生があります。しかも、余生はどんどん長くなっています。余生で子孫の世話をする役割があるという仮説もありますが、テクノロジーが発達した現代、経験値はデータ化され、ロボットやＡＩが安全かつ確実に世話役を遂行してくれたら、人間の手による世話は、必ずしも必要のない時代になるでしょう。そこで一部ですが、認知症などによって、反省や謝罪ができなくなった支配的な人間に対応するには、健常者では責任も負担も大きすぎて、感情にないロボットやＡＩにしか、その役割を担ってもらえない時代になるかもしれません。

現実に、脳も高齢化の果て、むき出しになった人格やさらには動物的になった行動と対峙しなければならない家族には、かつては思い出として大切にしまっておけた親の像は、もはや見当たりません。著者は、幼い頃の楽しい思い出が、両親の支配的な言動を繰り返す末路によって上書きされて、すべて失いました。本当に悲しい現実です。

現在も親子の記憶はありますが、脳内では見た事のあるありきたりな映画のシーンのような記録に成り下がりました。メディアの向こう側に行ってしまったようで、唯一無二であるはずの親子の楽しい思い出は二度と帰って来ません。

思春期以前の楽しかったのであろう日々は、もう、何も思い出せないのです。晩節を汚す高齢者問題は、理想論や性善説では済まされず、その暗黒面も直視せざるを得ないのです。見て見ぬふりは、直面する家族の人権無視です。そして、正解はなくても、思いつくだけ、考えつくだけの解決策や経験値を持ち寄るしかないでしょう。でなければ、どこかの家庭では、今も地獄が収まりません。高齢者の病理で、事態はカオス（混迷）になるでしょう。人間は、家庭や職場、社会に適応した者しか生き残れません。自分に家庭や職場、社会を適応させようとしても、支配者にはなれず自然選択されると著者は考えています。

著者は、後から振り返れば、正解とは言えない方法であっても、今自分が発狂しないで生き残るための活路を探ります。それが、現在進行形で未解決の社会問題に対する処方箋のありようではないでしょうか。人類は、新型コロナウイルスにも対策を模索する日々で、２０２１年５月現在、ワクチンは出来ても、発症したら万人に使える特効薬がまだないのですから。

少子化時代の生き残り考

先進国において、人口の先細りを止めて生き残るためには、少子化対策としての子育て支援が、絶対に必要です。

著者のかねてからの持論（拙著『パンク社会学――ここでしか言えない社会問題の即興解決法』pp.139-141.）ですが、子育ての時期は最も出費、お金が掛かるため、そこに給与のピークを設定できたら効果的ではないでしょうか。**高給は、子育て世代が生き残る動機づけ**になります。その代わり、子どもが働き手になって子離れしたら、給料は右肩下がりでも受け入れてもらいます。最終的には、夫婦でも一人でも生活できる給与まで下げましょう。不妊治療しても、子どもができなかった著者の家計は、夫婦で穏やかに暮らせれば十分なので、生涯ピークのない給与体系でも構いません。

極度の超高齢社会にある日本で、少子化問題を超克するには、世界的にも歴史的にも最もドラスティック（劇的）な解決策を講じるしかないでしょう。

これによって定年延長も容易くなります。子離れ世代は、右肩下がりで安くなる給料のため、経験豊かな労働者を低コストで雇い続けられるのであれば、雇用主も文句はありません。現在、定年の延長を阻害している理由の一つは、右肩上がりの高い給料で、心身ともに衰えて来る高齢者を雇う効率の悪さです。もし、給料が右肩下がりで定年延長がスムーズに定着すれば、年金の支給時期を遅らせることも可能でしょう。年金問題も解決してゆきます。

これらの制度設計を、目先の営利が最重要の民間企業で実施するのは無理だというのであれば、政府主導で、国家公務員から制度化してはどうでしょうか。過酷な労働条件で志願者減が続く国家公務員には、起死回生の制度改革です。公務員は、出産を機に給与がピークに跳ね上がり、代わりに子離れしたら給与も右肩下がりで定年延長にすれば、年金受給の年齢も先送りできるしょう。そして、子どもを望む若者たちが、こぞって子育て時期に給与がピークとなる公務員志望になれば、有能な人材確保のためには民間企業も倣うほかありません。

以上は、もちろん、スキだらけの制度設計でしょう。単なる理想論かもしれません。しかし、理念型を叩き台にして、よりプラグマティック（実用的）な制度に練り上げていくのが臨床社会学の道筋であり、方法論ではないでしょうか。

結果、安心して子どもを育てる次世代が増えれば、この国は生き残れます。さらに、子どもを産んだら、その子が選挙権を得るまで、親に2票与える国政選挙も考えました。5人産んだら、自分も含めて、最大6票あります。こちらは、まさに財政支出のいらない効率的な少子化対策でしょう。

そして練りに練った制度設計が、一部でももしも成功すれば、課題先進国の解決策として、これから少子高齢化に臨む全世界に無償提供して、貢献できる政策のアイディアになるのです。

子どもと言えば、しつけに体罰はいけません。正論です。しかし、どの時代でも、大学の前田ゼミで討論の議題にすると、必ず一部にボディランゲージとして、体罰の必要性や有効性を主張する学生たちが現れます。そこで、体罰も一理あるとしたら、その運用の仕方を工夫して、理解できる多数派を形成できないでしょうか。例えば、体罰が暴力にならないよう、力のコントロールができるスキルを資格として導入するのです。

精神的にケアを行う心理士ならぬ、身体的にケアを行う体罰士。または、臨床体罰士。具体的には、アンガーマネジメントができていて、冷静沈着で暴力にならない程度に手を上げられる選りすぐった警察官や自衛隊員などに適任者がいるかもしれません。そうなれば、荒れた学校にも、体罰士来る！　という触れ込みだけでサバイバル!!　校内暴力に対しては、体罰士の存在感が心理的な抑止力になるのではないでしょうか。

荒唐無稽と思われるかもしれません。但し、10年ほど前、前田ゼミに女子柔道部員が複数いた時代に聴いた話では、高校に強い柔道の先生が来たら、校内暴力は止んだという実例もあるようです。また、柔道家には、柔道整体師という資格を取って、治療の為に柔道の技を使う職業もあると聴きました。つまり、劇画『北斗の拳』に登場するラオウやケンシロウのように、問題解決のため、北斗神拳の暴力に訴えるのではなく、トキのように北斗神拳の秘めたる力を、臨床に使う体罰士が認定できたら、理想でしょう。

プラセボ（偽薬）教のすゝめ

食品偽装はいけません。犯罪です。でもゼミで議論すると、健康被害などの実害さえなければ、ええやんという意見が結構出て来ます。何を言っても許される（一理あると言ってもらえる）前田ゼミだけかもしれません。ただ、外食したら、消費者には食材の一つ一つまでチェックできないので、わからんしーと一部の学生たちは諦観している節もあるのでした。結果、探してみると、国民や市民の良心に任せるしかない、性善説でしか機能しない領域が、社会には横行しているのです。

プラセボ（placebo：偽薬）効果も同様の考え方ができます。化学的な因果関係や効果はなくても、心理的な効果が認められればええやんという意見は、学生から必ず出ます。プラセボ

（偽薬）効果とは、偽の薬を処方されても、偽だと知らない脳が薬だと信じることにより、心身に何らかの良い効果をもたらすケースがあるという現象です。

極論ですが、原価が二束三文の多宝塔を、一千万円で買わされたとしても、それで死ぬまで先祖が供養できると信じられた高齢者は幸せだとも考えられないでしょうか。プラセボとは、ラテン語で、喜ばせるという意味です。もちろん、霊感商法を肯定しているのではありません。社会から駆逐すべきです。しかし、それをインチキ商法だとメディアが暴露して、その事実を購入した高齢者に突きつけた途端、死ぬまで先祖を供養できると安堵していた高齢者の心理は破壊されるのです。報道によって、先祖など供養されないと意識を上書きされた高齢者は、浅はかな被害者だという十字架を背負わされて、セカンドレイプのような心的外傷を負わされるでしょう。霊感商法を認めているのではありません。社会から排除すべきです。しかし、ほとんどの宗教は、信じる者は救われるという心理に基づいて成立しており、信じない者には嘘でしかないのです。だから、信じる者と信じない者の間に、宗教戦争はなくなりません。

以上から、実害のない偽薬であれば、可能な限り提供して、一人でも心理的に良い効果をもたらす社会を著者も望みます。学生から毎年出る同様の意見も、著者と同じメンタリティからの発露でしょう。つまり、誰にも迷惑をかけない理屈であれば、信じて救われる一理を可能な限り提案、提起して、一人でも救われる世の中であって欲しいのです。

Ⅰ章「悪役にも、一理」でも問題提起しました国の借金や大きく報道されない数％の増税、両方秘かに愛せる不倫など、人間知らないでいれば、心穏やかに一生を送れるケースも多いのかもしれません。もちろん、そんな生き方が正解だと言っているのではありません。多様な生き方の選択肢の一つです。常に真実を知ろうとする姿勢も否定はしませんが、著者には精神的な負担が大きすぎます。心理的に波風立てないのも、サバイバル道の一つでしょう。

生き残るために書く本

アルコール依存症者の著者は、お酒をやめて回復をはじめてから、ここ6年、毎年単著を出版しています。

結論から先に述べますと、社会学者の著者にとっては、授業の学生数をはるかに超えたマスなる読者層の眼に触れて、承認欲求を満たしてくれるのが単著の出版です。そして、承認された単著は、さらなる報酬として（国立国会図書館などで）半永久的に遺（のこ）されるでしょう。その快感は、飲酒欲求を満たしたところで、何も遺せないという虚しさをはるかに上回るのでした。

よって、本の原稿を書いている間、**独りで自分だけのための作業に没頭している間は、酒（欲求）が止まっている**のです。職場の理解し合えない人間関係や救いのない親子関係はストレスとなり、飲酒欲求の引き鉄（trigger）になりました。しかし、独り黙々と創作活動に専心していると、順調には書けなくても、飲酒欲求が湧いて来ることはないのです。

その理由を考えてみると、第一に、無意識にもこの本を出すまでは再飲酒できないという明確な目標となり、それが依存症再発の抑止力となっているからでしょう。そして第二に、物書きという職種は、前著を脱稿した直後から、書き残したと後悔する内容が心中に浮かぶものです。しかし、翌年同様の本を出版できると思えば、そこに盛り込めてリカバーできます。よって、ストレスは解消できるのでした。

この二つの理由は、いずれもサバイバル論で、生き残り学の王道（近道）と言えるでしょう。

「『意志が弱い人ほど、お酒に依存しやすい』と考える人がいますが、これは大いなる誤解で、実はこれまで**『意志が弱い依存症者』に出会ったことがありません**。むしろ逆で、おしなべて頑固で『完璧主義』と感じられる性格の人が多いようです。

かたくなでこだわりが強いため、物事に白黒つけたがり、**飲みすぎを家族や主治医に指摘されてもすべてはねのけ、誰がなんと言おうとも飲む**。対人関係も不器用なため、孤立してお酒にハマり、本物の依存症になっていくのです。

角度を変えてみると、もしあなたが周囲に飲みすぎを注意されて『強い反発』を感じるようなら、『お酒に依存しやすいタイプ』かもしれません。

ただし、頑固で完璧を求めるということは、精神的なエネルギーにあふれていることの裏返しでもあります。**これをいい方向に生かせれば、真面目にコツコツ働くなど非常に大**

きな力を発揮します。実際、依存症者には社会的にも経済的にも成功した人が少なくありません。」（垣渕洋一『そろそろ、お酒やめようかなと思ったときに読む本』2020, p.53.）

以上は、アルコール依存症専門の精神科医からのありがたいお言葉です。

では、コロナ禍がはじまった時期に書いた前著『パンク社会学――ここでしか言えない社会問題の即興解決法』（晃洋書房、２０２０）に積み残した重要な内容（社会問題の解決策）のリカバリーを追記しておきましょう。

（1）まずはコロナ禍の危機意識を正しく共有するために、情報管理の問題です。

国民に不要不急の心理的な不安を与えないためには、毎日、死者数、感染者数を、日本と同様の条件、環境にある国々とだけ比較報道するべきだったのではないでしょうか。個人の不安が積み重なれば、混乱しか招きません。どんな政府でも、国民を落ち着かせる必要があります。

東アジアで日本より感染被害が少ない韓国は北朝鮮と実質戦時下（休戦中）ですし、台湾は中国と実質戦時下と言えるでしょう。よって、敵のスパイを排除するためには、国民のプライバシー＝私権を制限する事に国民も同意して、徹底的に管理できます。だから、感染者はすぐに炙り出して、捕捉できるのです。戦時下にはなく、私権を制限できない日本とは比べられる条件ではありません。

シンガポールは小国のため、町内会のように隅々まで管理できるでしょう。日本でも、地方の県単位なら、感染拡大を抑え込めた地域はあります。また、ニュージーランドが感染拡大せずに済んだのは、人口密度の低さからでしょう。同じように人口密度が低い日本の地方県（感染初期の岩手県、鳥取県や島根県など）も都市圏に比べれば、明らかに感染拡大せずに済んだと言えます。

中国、ベトナムは、超管理社会の共産主義国、社会主義国ですから私権の制限は国是です。大国で自由主義国のため私権の制限はできない原則の日本は、これらの国と比較するよりも、自由主義国でもあり、私権の制限にも限界のある欧米の大国と比較するのが、条件が同じ様相で適切なのではないでしょうか。そうすれば、他国に比べて完全失業率が低い日本における感染被害と制御の現況を、より正当かつ冷静に評価できるはずです。

結果、日本ではまだ一度も欧米並みのオーバーシュート（感染大爆発）が起きておらず、コロナは欧米では恐るべき感染症ですが、日本では比較的感染が抑えられた状況だと割り切れるでしょう。同じ医療先進国でありながら、欧米に比べて国産ワクチンが進まない一因は、世界に通用するために必要な複数の国や地域における国際共同治験を行う前段階で、**国内治験に必要な感染者数が確保できない**からです。どういうことかと言うと、試しに開発したワクチンを投与した者と投与していない者で、感染者数を比較しようとしても、日本国内の感染者数では少なすぎて、効いたのか、効いてないのかを証明できるほどの有意差が出せません。欧米ほど感染者数が多くないと、治療薬の効果もなかなか確認できないのです。しかし、それくらい少ない感染者数であれば、冷静な政策は実行できるはずなのです。そして今後、万が一欧米のような緊急事態にも備えられるでしょう。

（2）その対応策、危機管理は、まず医療制度の改革です。

コロナ禍で、英独の医療体制は8割が公立病院、日本は8割が私立病院でした。つまり、英独は8割の公立病院に行政から指示を出して、コロナ対応に動員出来ました。しかし日本では当初、8割の私立病院には行政指導すらできなかったのです。

そこで今後、有事の際には8割の私立病院におけるマンパワーの動員をお願いできるよう、同じ国民の命を守る公的な軍隊における予備役のような制度設計、危機管理をしておけばどうでしょうか。アメリカの軍隊には、平時はそれぞれ私的な仕事をしていて、有事の際には、兵隊として公的に召集される予備役の制度があります。日本の自衛隊にも、予備自衛官、即応予備自衛官というオペレーションが現存するので、直ちに援用できるでしょう。日本の安全保障を担う公的な保険医療は、満室を目指す私立のホテル経営とは違うはずです。平時は満床を目指さざるを得ない診療報酬を変えてでも、保険医療における国の指揮命令系統を再構築して、予備役制度を応用できないでしょうか。平時は、かかりつけ医の役割を担う私立の開業医さんにも、公的な予備役として国や地方自治体と契約関係を結べば常時プラスアルファの助成金が保証されるシステムです。そして、いざ欧米並みのオーバーシュート（感染大爆発）など有事の際には、治療センターに動員されて、マンパワーをカバーできる契約を結べば適切でしょう。

現在、日本の医師は、免許を持っていれば、麻酔科と歯科以外の科目は担当できる独特の制度にあります。よって予備役制度ができれば、有事の際、多くの医療従事者には、必要な診療科に召集される心理的な準備と意識的な覚悟を**お願い**したいのです。我々一般人にはできない医療行為なのですから。そして、潜在している民間の看護師さんや他の医療従事者にも、同様の予備役制度を運用したいものです。特に潜在看護師さんは、現在ご本人の届け出がないと把握できていないため、公的な予備役制度ができると、積極的な届け出も多くなるのではないでしょうか。

保健所では業務の外部委託や保健師らの人材バンクを厚生労働省が２０２０年７月から始めて、３０００人超が登録しています。そして、２０２１年４月までに６都道府県に１５０人以上が派遣されているのです。さらに、公衆衛生に関わる公務員の業務も、有事には民間人を招集できる予備役制度が適用できれば最善の策となるでしょう。

自由主義経済の日本でも、国民皆保険制度がある以上、保険医療の原資は大半が税金です。よって保険医療に関しては、公共性を基軸にした制度設計、危機管理を**お願い**するべきではないでしょうか。

そして、全国民が飛沫感染の対策として、マスク着用だけでなく有効な手段があります。極論ですが、日常生活で使用できる手話を学び、お互いに習得できたら、口頭による会話はなるべく休止して、飛沫なき〈手話〉によるコミュニケーションを普及させるのです。現在、国や地域、文化によって意味が違う手話も、ゼロからはじめる人の方が多いのであれば、統一した国際手話にして普及できるでしょうし、〈手話〉は世界共通の言語になれます。マスクの是非を問うまでもなく、〈手話〉の励行は、世界中のコロナ対策に適応できるのではないでしょうか。今でも、総理や首長、大組織のリーダーの記者会見では、必ず〈手話〉の通訳が並立しているではないですか。

もちろん、手話が見えない視覚が不自由な方々には、口頭によるコミュニケーションを尊重するべきでしょう。様々な理由でマスク着用が心身のリスクになる方々に、マスクを強要しないのと同様です。結論としては、コロナ対策を契機に、可能な限り、コミュニケーション手段の多様性を探るべきなのです。

(3) さらに大学教授として考えておくべき三密の局面に、入試がありました。

これも極論と思われるかもしれませんが、大学入試は、比較的安全性が担保できる高校で行えば、確かな危機管理ができるでしょう。

入試問題は、大学から受験生のいる高校へ送り、全国一斉に同一時間、高校の教室を確保して試験を行います。受験生には、最も心理的な負担を軽減できる環境ではないでしょうか。答案は、高校が責任を持って、大学へ返送してもらいます。オンライン入試も考えましたが、通信制ではない大学への関門は、やはりライヴ会場で行うべきでしょう。でなければ、入学前に、授業もオンラインで構わないという意識を植え付けてしまうかもしれません。

公正が担保できるかという懸念は、回数を重ねるごとの不正は自然淘汰されると考えます。もし、不正があったと噂でも流れれば、その高校の信頼性は失墜して、志望者も減るでしょう。学校の名誉にかけて、万全の体制で対応してくれるはずです。

浪人生も出身高校で受験できれば、大検など高校を経由しない受験生のみ、特別に会場を確保できれば済みます。

高校で大学受験ができるシステムは、コロナ時代、最もローリスクで、確実な大学入試の体制ではないでしょうか。

そして、大学入試とは、その大学に入って教員と意思の疎通ができるかを測ればいいだけの関門だと著者は考えています。ですから、採点の公平性が疑問視される記述式解答の問題は必需ではなく、問題文を理解している証として、マークシート式解答の点数が一定レベルに達していれば十分ではないでしょうか。各大学が取りたい学生の資質を見極めるのは、マークシート式試験でも出題傾向を顕著にすれば自ずと導けるでしょう。結果、機械的に採点するマークシート式試験は、採点者の主観が入らないので、万人にとって最も公平な選抜方法です。著者は同じ理由で、体操競技やフィギュアスケートの採点も、ＡＩによって機械的に行われるべきだと考えています。そして、唯一無二の正解がない記述式の解答は、最高学府にして研究機関でもある大学に入ってから創造するべき答案だと考えます。

著者が敬愛する哲学者、アルトゥル・ショーペンハウアーは『読書について』（原典：1851）の中で、読書とは、作者に考えてもらうことを委ねて、自分で考えない行為だとまで断じています。問題文を理解できる証を示したマークシート方式の入試を経たら、大学では答えるより創造的内容を**書く**ことを極めるのが重要だと著者は考えています。読書より作文、そして論文作成こそが、唯一無二の創造的な行為になり得るのではないでしょうか。ＡＤＨＤ（注意欠陥・多動性障がい）の著者ができる読書とは、自分のペースで読む＝サンプリングだけです。徹頭徹尾ページをめくる真っ当な読書はままなりません。しかし、だからこそ、先入観や蓄積なしに独自の筆致や筆力、文章表現を身に着けられたと自負しています。

次回作でも同様に、本書を脱稿した直後から書き残したと湧き上がる内容を盛り込みますので、ご期待ください。

例えば、東京オリンピックです。この部分を書いているのは、２０２１年の５月です。

世論は、東京オリンピックの中止を望む声が大半でしたが、日本政府は開催を強行する勢いでした。著者は、高度経済成長期に公害をまき散らしながらも、工場を止めず経済発展を優先させた時代を思い出します。1970年代前半、小学生だった著者は光化学スモッグに慄きながら、でもいつの間にか、個人的には大きな被害の記憶もなく過ぎ去った日々でした。そして、大人になって歴史を振り返ってみると、未曽有の公害にも日本の技術力は、浄化装置の開発などによって乗り越えて来たのだと分かるのです。

よって、楽観的な極論を考えてみると、まずオリンピックの会場や施設と同様に、感染対策を厳格に講じたお店の営業は自由にします。その上で、コロナ禍における東京オリンピックが安全に開催できたとしたらですが、その対策、例えばロジスティックス（必要なものの調達と流通）やオペレーション（運営）は世界に提供できます。つまり、パンデミックでも開催できるフォーマット（様式）は輸出できる技術ともなり、日本経済にも恩恵をもたらすでしょう。この楽観論は、日本がコロナ禍における技術立国として、ノブレス・オブリージュ（noblesse oblige）の精神、つまり高貴な先覚者となる役割を期待しているのです。そして、東京オリンピックを開催できた安全策の技術力は、アメリカのIT独占企業GAFAによるプラットフォームの支配や中国の通信における5Gの先行とは違う様相で、より大義のある公衆衛生の産業革命をもたらすかもしれません。

現実にも、強引に開催を目指した効用がありました。ワクチンは、感染者数の多い国から優先的に行き渡らせるのが道理である中、欧米に比べて、感染者数がはるかに少ない東アジアにおいて、日本だけがワクチンを必要なだけ（特に、ファイザー社から）調達できたのです。その理由は、オリンピックという数少ない世界共通の大義に沿って、製薬会社が開催国の日本にだけ優先的にワクチンを供給しようとしたからなのです。また、無観客かごく少数の有観客でパブリックビューイングもなしの開催ならば、本来の観客はほとんどが家でテレビ観戦するしかないでしょう。しかも、観客の代わりに開発された高性能マイクで、（他に比類なき佐藤輝明選手の打撃音を伝えるように）会場でも聴こえない競技の音が拾えたり、競技の邪魔にならない程度でドローンを駆使した映像の切り口を示すなど、これまでにないメディア越しの臨場感が配信されれば、国民も家でテレビ観戦にくぎ付けです。結果、市中の人流が、ある程度抑制されるかもしれません。

そして日本のリーダーであれば、「（感染者数も死者数も激増していて、ワクチンがすぐにでも大量に必要な発展途上国よりも、感染者数も死者数もはるかに少ないにもかかわらず、）日本はオリンピックを実施するからこそ、欧米からワクチンを十分に提供してもらえました。ですから、さらに国民の皆さんは感染拡大を防ぐため、なるべく自宅でテレビ観戦して下さい。その代わり、世界中どこのテレビでも十分楽しめる最高の放送技術で、オリンピック中継を提供します。但し、コロナによる1日の死者数（絶対値）が（公衆衛生が同じレベルで、規制の緩和に向かう）欧米各国を超える様な事態になれば、即刻中止します。」と言って、オリンピック開催の大義と限界を説明するべきだったのではないでしょうか。

しかし、コロナ禍では、世界をおもてなしするどころか、特に地の利が結果を左右して、日本だけがメダルラッシュになれば、世界から顰蹙（ひんしゅく）を買うでしょう。そこで対極の論として、開催前にもし、金メダル確実と目される日本のトップアスリートが、「世界的にコロナ禍が収束していない中、感染状況がまちまちの国と地域から来てもらって競技をするのは、フェアじゃないし、国内でも医療、行政、ボランティアの貴重な人材をオリンピックのために割いてもらうのは忍びないので、参加を辞退します！」と公言すれば、金メダル以上に歴史に残る名選手になれたとも、著者は思っていました。

但し、この発言は、決してすべてのアスリートに求めるものではありません。オリンピックを目標にたゆまぬ努力を重ねて来て、我々も勇気をもらって来た存在であるすべてのアスリートは、支援されるべき立場だと考えます。著者は、利己的な一部の政治家よりも、あくまで、トップ・オブ・トップのアスリートに、ノブレス・オブリージュ（選ばれし者の責務）の精神というか、高貴な革命児としての役割を期待しているのです。

そして、それを機に関係者も、東京都、日本政府、ＩＯＣも雪崩を打って乗っかってきて、東京オリンピック中止の決断に至れば、最初に辞退したトップアスリートが、男女を問わず、ニッポンの窮地を一部でも救うジャンヌ・ダルクになれたかもしれません。なぜなら、中止は最悪のシナリオではなく、最善の策になるかもしれないからです。最悪のシナリオとは、強行開催した結果、感染拡大した場合でしょう。しかしそれは、神のみぞ知る結末ですが。

神のみぞ知るとは、今振り返ってみると、当初の予定通り、2020年夏に東京オリンピックを開催していたら、最善の策だったのかもしれません。2020年夏は、まだ恐るべき変異ウイルスも確認されておらず、日本の感染状況も一段落して、一日当たりの死者数も少なく、Go To トラベルキャンペーンができた時期でしたから。

歴史に正解はないとは、まさにこの事です。

そして、ナルシストとしてはあまりに小粒の著者には、国家的なイベントを左右するようなノブレス・オブリージュとしての言動や偉業は出来ません。

せいぜい顰蹙(ひんしゅく)を買うことを恐れずに格好をつけると、昭和生まれで昭和育ちの著者にとっての表現とは、憧れのミュージシャン、アーティストに譬(たと)えて、学会発表がシングル曲の発表、単著の出版がアルバムの発売に値するのです。しかし、アーティストを気取りながらも、実際は手先が不器用な著者は楽器など何ひとつ、奏でられません。但し歌は、声帯を一つだけでも残して、下咽頭がんの手術から生還できたため、一つだけ動く声帯を駆使して、奇跡的にラブバラードだって歌えます。だからナルシシスティックに言葉を紡いで、アーティスト然と振舞うのでした。

もう一つ、本を書く理由がありました。著者には、子どもがいないからです。妻と不妊治療には挑戦しましたが、子どもは出来ませんでした。そこで、生物学的遺伝子の代わりに、文化的な遺伝子を本に書き残しているのかもしれません。実は、この三番目の理由が、一番大きいような気がして来ました。だからこそ本書にも、恥ずかしげもなく、赤裸々な自分史までも書いているのです。

少し前までは、子どもはいないけど、教え子はいると強弁を張っていました。しかし、学生たちは別人格です。著者の遺伝子を、それがたとえ文化的な遺伝子であっても、受け継いでくれと強要するなんて、迷惑な話でしょう。自身の親を振り返っても、正論だと押し付ける迷惑な年寄りにはなりたくありません。

この項の最後に、今書き加えているのは、2021年7月です。東京オリンピックをめぐっては、重要な役割を担うスタッフが、人権問題や過去の差別的な言動などの発覚で辞任したり、解任される事態が続いています。中心的な役割を果たすスタッフには、身体検査が甘かったとの批判もありますが、すべての人間に過去の言動をチェックするのは難しく、さらに過去ではなく、今現在どう考えているのかが重要でしょう。これまで表立っては差別反対の模範解答を掲げて来られても、心の奥底で無自覚にも人権無視や差別意識を隠し持っているのは要注意人物です。

ならば、五輪スタッフは採用の直前に、確度の高いＡＩによるウソ発見器を用いて、オリンピック憲章のポリシーに共感するかを検証しておけば、どうでしょうか。もしも、あらゆる差別に反対する考えに同意する項目で、ウソ発見器の警報が鳴るようでは不採用とするのです。

過去に、誰も傷つけない言動しかしてこなかった人間などいません。長い人生、様々なことを見聞きして、学んだ上で成長し、転向する思想信条もあるはずです。そして今現在、何を考えているのかが大切なのです。

そこで奇策ですが、著者は東京藝術大学大学院教授でもあったたけしさん（ビートたけしで北野武）を総合演出に緊急起用することを考えました。漫才やコントが原点の彼なら、即興の演出だってお手のものでしょう。そして、これまで数々の問題発言を繰り返しながら、映画作品では欧米の文化人たちにも認められている御仁です。たけしさんが、東京オリンピックの総合演出に（さらに、万人が心身衰える老後に応用可能なはずのパラリンピックにも）緊急起用されたなら、先住民を理不尽にも敵視して虐殺する（騎兵隊が害虫を駆除するように撃ち殺す）１９５０年代頃までに作られた西部劇の映画ですら、未だに発禁に追い込めない欧米の知識人たちは、どのように反応するのでしょうか。欧米では、映画人として最高の栄誉を与えているたけしさんのこれまでのブラックジョークを含めた問題発言の数々を、どう評価するのでしょう。たけしさんが東京オリンピックのセレモニーを演出していたら、世界に渦巻く欺瞞（悪意や偽善、矛盾など）を探究できる（考えあぐねる）歴史的なオリンピックになったでしょう。

それでも、2021年7月、東京オリンピックははじまりました。

『サバイバル原論――病める社会を生き抜く心理学』の著者としては、テレビで不意に見たある病院スタッフへのインタビューで、「最初は開催に反対だったけど、日本の選手が活躍していると、入院患者さんと明るい話題を共有できて、患者さんが（ひと時でも）元気になれる意味（効用）はあったと思う。」と語られていたのが、すべてだと考えます。

おわりに

「サバイバル状況では、1人きりになる可能性が高い。だが、これは悪いことではない。なぜなら1人で有り余る時間があると、他人にあって自分にはないと考えていた能力に目覚めるからである。自分が有している想像力と創造力の無限の広さに自分で驚くほどだろう。とくに必要に迫られたときには、隠れていた才能と能力を発見することが多い。これらのほとんどは、自分にあることを知らなかった秘められた力と精神的な強さに源を発する。」（米国陸軍省編『米陸軍サバイバル全書［新版］』第2章サバイバルの心理学、邦訳p.22-23.）

著者は、酒をやめて漸く7年を過ぎたアルコール依存症者の大学教授です。コロナ禍の2020年度、在宅勤務のオンライン授業は、発信元の書斎では1人きりになるので、酒を飲んで配信してもバレません。しかし、幸運にもアルコール依存症の解説をする科目を担当させてもらっていることが抑止力となり、飲まずに授業ができました。

そんな著者が学生および市民に向けて最も伝えたいことは、アルコール依存症は、当事者に正論が通じない病、精神疾患だという事です。しかし、この1年も、オンライン授業で学生たちに理解してもらうのが大変でした。

最後まで、なんで家族に迷惑をかけてまで飲むのかわからないし、もっと厳しく断罪するべきだという意見が多く残りました。理解されないと不安が募るのが、依存症者の弱みで、アルコールに頼りたくなるものです。しかし、担当科目の一つは、アルコール依存症の危険性と対応の仕方をレクチャーする授業。特に後期は、身近に依存症者がいる場合、当事者を支援するための心構え、ＣＲＡＦＴ（Community Reinforcement And Family Training）を思考訓練していました。

そこで著者は、教職を目指している学生に対して、依存症者への支援は、今は正論が通じないけれども、成長が期待できる子どもの教育に似ていると説明しました。だから、今は飲酒を責めるより、わずかでも断酒できた時間を褒めることにより、断酒の期間を長く導いて、アルコールのない生活を習慣づけるのが先決だと続けます。叱るより、褒めて育てる子どもの教育法です。

また心理学とは関連のない専攻の学生には、各専攻に見合った比喩を用います。例えば、世界史や国際政治を専攻している学生には、依存症者への対応は正論が通じない独裁国家との外交だと思ってみてくれとはじめます。そして、独裁国と外交や交渉で成果を得るためには、理不尽でも譲らなければならない局面もあると続け、依存症者にも寛容に接する必要性を説くと、一部の学生からは理解を得ました。

それでも理解どころか、共鳴できない学生たちには、ほとんどの学生が近い将来置かれるかもしれない立場、就職の苦労に照らして考えてもらいます。苦難や逆境を脱する活路は、いくつもあるはずなのに、これしかないと思い込む依存症は、就職先がブラック企業であるにも拘わらず、辞めないで過労死してしまう一部の日本人にも当てはまるメンタリティでしょう。就活を控える学生たちには、依存症にはならないと思っていても、就職してブラック企業だと思ったら、すぐ辞めろ！とリスク回避の動機づけを行い、共感を呼び起こしているのです。

さらに経済学部の学生たちには、悪徳資本家による労働者からの限りない搾取は、依存症と同様の病理現象で、歯止めがかからないと捉えているのがカール・マルクスの『資本論』だとアナロジー（類比）して説明します。マルクスは、経済学部では良くも悪くも必ず教えられる知の巨人で、（端的に言うと、）宗教は民衆の（重度の依存症にもなる）アヘンであるとも比喩しているのです。

こうして言葉を尽くして説明して、少しずつでも、依存症を理解してくれる次世代が増えれば、当事者である著者の不安も一気に解放されることはなくても、徐々に軽減されていくのでした。だから、1人きりでオンライン授業の発信をする時のみならず、誰にも視られていない著作の執筆に励んでいる時でも、酒を飲まずに知的な生産活動ができるのでした。天職への復帰とポスト・アルコホリズム（断酒後の世界観）。相互補完的に両立させるのは、本当にデリケートなサバイバル人生です。

著者の闘病記をテキストにした講読の授業終わりに、ある学生から、「人生で後悔していることは何ですか?」と聞かれました。著者は条件反射的に、「何もない。後悔していることは何もない。」と答えたのです。愛する妻と楽しい家庭が持てて、近畿大学文芸学部教授でいられて、生きていられる現在には、過去の人生、何一つ変更があっても、たどり着いていないと考えられるからです。

また、よく学生から、「どんなにアホみたいな意見を言っても、怒られることもなく、却下されるどころか、う~ん、一理あると言って拾ってくれるし、こんな楽な先生の楽な授業はない。」と言われます。しかし、著者は学生の人気を得ようとして、媚びているわけではまったくありません。

人類は、とにかく楽をしようと知恵を絞って、他の生物では成し得ない文明を築き上げてきたのです。例えば、大坂から東京まで五十三次歩くのがしんどいから、楽をしようとして、今や新幹線ができるまでに科学技術も文明も発展させられたのです。人間が目の前の苦労だけを美徳としていたら、猿のままで進化しなかったかもしれません。

但し、学生には信念を持って、楽をして欲しい。最初に発明された自動車や鉄道は、大して速度も出ず、動く距離も知れていたはずです。それを開発した人々は、周囲から、そんな機械より歩く方が速い！　サボろうとするな！　などと馬鹿にされたことでしょう。それでも自動車や鉄道で移動する方が必ず楽になるという信念を持って開発する人々が続いたおかげで、今日、大阪から東京まで歩いた方が速いとか、自動車や新幹線に乗る人をサボるなと批判する人はいないでしょう。人間が信念を持って楽をしようとした結果、文明は開花するのです。

遡れば人類の祖先は、森の中で木の実を食べて生きる体毛の多かったサルから、何を思ったのか肉が食いたい欲求に駆られ、平野で狩りをするのに体温調節しやすいよう肌が露出して、人類に進化したと言われています。しかし今度は逆に、火山の大噴火によって長期間、噴煙で空が覆われ、気温の低下が続くと、露出した肌を保温するために、衣服を開発して文明人に進化したと考えられています。つまり、常に心身の欲求に忠実で、一見行き当たりばったりの工程ですが、その都度欲求を叶えるため、環境に適応できるスキルを自らの意志で研いて来たのが文明人なのでした。

大学は現代の最高学府です。最高に楽をして、最大の成果を上げる工夫を考えて欲しいと願うのが、サバイバル心理士の著者でした。

そして、1年次に楽をしようと思って取った著者の授業も、3年に亘って楽をするコツをつかんでくれた学生は、就活で臆することなく、楽に自分の意見が言えるようになりましたと言ってくれます。そして、4年時には、「就活でも、楽に意見を言い続けて、いっぱい落とされましたが、最後は前田先生みたいに認めてくれた会社に行くことになりました。」で卒業してくれたら理想です。そして、そんなに相性のいい唯一無二の就職先なら、当分辞めません。彼ら彼女たちが切り拓き始めた人生、近大教授の著者には、勝手に幸せな工程に見えます。

こんな教育方針に対しては、批判の意味を込めて、他にはいないと評されることがあります。しかし、それでこそ、著者の存在意義の証明だと嬉しくなります。同じか、近いスタイルの授業をする教員がいたら、著者は代替可能で、特に必要ではないのですから。学科内に10人の専任教員がいたとしたら、十人十色でなければ大学の可能性は担保できないと著者は考えています。多様性の保障です。富士山を登るルートは一つではありません。山梨県から登るルートもあれば、静岡県から登るルートもあります。そして、そのどちらの登山道の脇道も、獣道まで考えれば無数に開拓できるでしょう。研究も、人生も同様です。

ですからA先生のゼミもB先生のゼミもC先生のゼミも、夏休み前に卒論の中間発表のために3〜5千字の原稿を用意させられるらしいですよ。などと聞き及ぶと、天邪鬼の著者は、前田ゼミは原稿なしでフリートークの発表を！と火を点けます。すると、たいていの学生が楽をして何も準備せず、しかし、いざ発表となると、たどたどしくても、空でしゃべった経験値が、必ず就活において準備できない即興の面接で活かされるのでした。特にコロナ禍で、いきなりのウェブ面接でも困惑しません。前田ゼミの発表が、毎度いきなりだったので、経験者はどんな状況に置かれても動じません。即興の芸域です。少なくとも著者が、そうして学会発表や大学授業で生き残って来たのですから。

武術の達人なら、突然現れた敵（難題）にも、その気配や違和感、そして兆しに即応して一刀両断に（解決）しなければ、生き残れまい！　と言い切ります。難題であれば難題であるほど、実は頭で考えているようでは反撃を食らって生き残れないでしょう。咄嗟に出た解決策こそが、生死を分けるのです。東日本大震災で、未曽有の大津波に襲われた時、マニュアル通りに考えて避難所へ向かうより、〈直感〉で高台に逃げた者が生き残りました。コロナ禍も、まさにそれを教えてくれているのでしょう。

著者は、医学部もある近畿大学のキャンパスで、２０２１年７月末日までに、新型コロナウイルスワクチン２回接種を完了しました。

結果、オリンピック開催国として、欧米の製薬会社からワクチン供給を（欧米に比べて感染者の少ない東アジアの国の中で唯一）優先的に受けられた時点で、接種券は不要だったと思います。特に、高齢者以外は不要です。ワクチンは、ＰＣＲ検査などと違い、違反して無闇に接種しまくり、過度に副反応のリスクを負う人など、ほとんどいないでしょう。認知症でもない限り、自然に、ほとんどの国民１人２回接種が定着していたはずです。費用を国に請求するための券だといっても、ワクチンは現物支給でした。また、国が国民の接種状況を実数で把握したいのであれば、接種ごとにマイナンバーを確認できれば十分でしょう。万が一の過分な接種も会場で止められます。

よって、余裕のある会場では、来る人全員に接種する開かれたワクチン体制が、最も効率的なコロナ対策だったと考えられます。日本は、サバイバルのためのリスクマネジメントが、まだまだ発展途上でした。

そして、多くの若者を対象にしている大学教授の著者から彼ら彼女たちの接種率を上げる提案です。大学生に限れば、例えば『公衆衛生』など〈関連〉する〈選択〉科目の単位を、ワクチン接種と引き換えに認定してはどうでしょうか。強制ではありません。選択です。意義のある単位とワクチン接種の互換性という条件は、大学生に意味のある動機づけとなるでしょう。

結果、誰にも正解のわからないコロナ禍を生き抜いた経験値は、最強の世代を構築できるはずです。かつて生き残った（太平洋戦争の）戦争体験の世代が、戦後生まれに向かって自分たちの経験値を誇示したように、コロナ禍を生き抜いて来た世代は、自らのサバイバル能力を誇れる日が来るでしょう。

例えば、コロナ世代の学生たちは、対面授業が少なかったことを嘆くより、就職活動において、「私は、オンライン授業でも、難なく学べて提言もできて、単位が取れました。これからはじまるオンライン営業は、私にお任せください！」とアピールしてはどうでしょうか。必ずや、一理を認めてもらえるはずです。認めてくれない企業は、それこそ（ポストコロナの環境とも）相性の良くない（適応できない）職場だったのです。

最後に、本来はメディア研究者の著者からひと言。

SNS（Social Networking Service）が出来たから、人間たちに悪意が芽生えて湧き上がり、誹謗中傷がはじまったわけではありません。ネットがなくても、井戸端会議でもマス・メディアでも、攻撃できる対象さえ現れれば、至る所で悪口は言われていたはずです。しかし、電子ネットワークという津々浦々まで、あらゆる情報がよく流れる回路がなかった時代には、言われた当人には聞こえず、見えなかっただけです。

メディアが発達したから、世間に悪意が満ち満ちて来たのではありません。メディアが増えれば、見える悪意も聴こえる悪意も増えるのは避けられないだけなのです。技術革新や開発が未知のウイルスを我々に届けてしまうのと同様です。

サバイバルするためには、直面してしまったウイルスにも悪意にも、耐性を身に着けるしかありません。その手段は、絶対的に恐れるのではなく、相対化できる乱されない心の持ちよう、つまり広義の心理学です。難しいけど、生きるということは万人にとってサクセスストーリーではなく、試練です。果てしない人生の探究です。まずは、自分史を振り返って〈自己相対化〉してみましょう。そして、次のシナリオを書ける作家の気持ちになれたなら、生き残れます。ウイルスや悪口は、本筋ではなくエピソードに過ぎないのですから。

附記

本書は、第69回 関東社会学会大会（2021.6.12. オンライン開催）で、著者が口頭発表した自由報告「社会病理に対応できるサバイバル心理――一理ある自己肯定感の育成を手掛かりに――」を叩き台として、大幅に加筆・修正した内容です。

あとがき

現在、アルコール依存症から回復している著者ですが、心身ともに断酒が定着する前に、コロナ禍へ突入していたら、間違いなくアルコールを飲みながら、オンライン授業をしていたでしょう。

アルコール依存症が重症化して、たとえベッドから起き上がれなくなって、糞尿垂れ流しになっていたとしても、そうしていたはずです。依存症者のままでも、サバイバル心理士を気取って、Zoom の画面内だけ綺麗に収まれば、人目を憚る（はばか）ことなく、酒の力を借りて、絶好調トークができるでしょう。

２０２１年現在、断酒７年目。運良く心身ともに断酒が板についた頃合い（ポスト・アルコホリズム）です。今は酒の力を借りなくとも、Zoom で学生たちからの課題投稿「時事問題の解決策」を読み上げながら、臨床社会学者としての解説を加える真昼の深夜ラジオ、『前田益尚のオールナイトニッポン』を展開しています。毎回好評で、授業終わりの Zoom 画面には、学生たちから拍手のアイコンが舞います。著者は、その目に見える拍手を、かつてアルコール摂取によって得られた心地よい報酬の代わりにできているのでした。もちろん、ウケなくなった時は心配ですが、またその顛末で本が書けたら（自己肯定できたら）、爪痕は遺したと満足できるでしょう。

アルコール依存症からのサバイバルは、運にも左右されます。本当に飲んでいたまま、コロナ禍に突入して、テレワークになっていた依存症者は、より日常的に自宅で飲みながら仕事をしているケースも多いのではないかと心配です。

運命は過酷です。だからこそ、著者は乗り越えられた時、乗り越えるまではホラー映画なんか見るより、よっぽどヒヤヒヤはしたけれど、回復の満足度も高いのです。そして、コロナ禍を飲まずに生き抜いたアルコール依存症者は、無敵だと過信してでも、2度と飲まない心理状態に持ってゆくのでした。運命論者によるサバイバルのための強弁です。

そしてこの本は、大学1年生向けのテキストとして書きました。よって、新書サイズの低価格に設定してもらったのです。それでも物理的に紙の本にしたのは、デジタル記録のように電気がないと刹那に消えたりしないで、ある程度長期に亘り（少なくとも大学4年間は）保存性が担保されると考えたからです。家の中でも雲散霧消しかねないプリントではない紙の束で綴じてあるのも、藻屑（もくず）と消えないずっしりとした存在感を与えるためでした。

さらに、紙を綴じた束こそ、スクロールすれば消え去る電子メディアとは違って、指でめくっても残身（心）として、前の頁が見られるため一覧性が担保されます。つまり書物とは本来、必要な情報にランダムアクセスしやすいハイテクのメディアだと言えるのではないでしょうか。

さらに、紙の束に残るインクの染みは、ロールシャッハ・テストのように、見る者の心理で想像力を掻（か）き立ててくれるでしょう。紙の本は、人類の知恵と工夫が織りなす、不朽のメディアだと著者は考えています。

この度もタッグを組んで、無理難題を解こうとする異端の書を出版に漕ぎ着けて下さった晃洋書房の機才、編集者の阪口幸祐さんには何より感謝申し上げます。

またまた、限られた〈新書〉の体裁でもセンスの良いジャケ写ならぬ表紙を飾りつけて下さったデザイナーの北村昭さんには、いつもながら感謝感激です。

そして最後まで、著者の勝手な理屈にお付き合い下さった読者の皆様に、改めて感謝申し上げます。本当にありがとうございました。

令和3年9月

前田益尚

参考文献

阿部泰尚『いじめと探偵』幻冬舎新書、２０１３年

Adler, A., *The Science of Living*, Georg Allen & Unwin, Ltd. 1929.（桜田直美訳『生きるために大切なこと』方丈社、２０１６年）

Allport, G. A., Postman, L. J., *The Psychology of Rumor*, 1947.（南博譯訳『デマの心理学』岩波書店、１９５２年）

Attali, J., *Vivement aprés-demain*., Fayrad, 2016.（林昌宏訳『２０３０年 ジャック・アタリの未来予測――不確実な世の中をサバイブせよ！』プレジデント社、２０１７年）

Bandura, A., *Self-efficacy: Toward a unifying theory of behavioral change*. Psychological Review, 84(2), 1977, pp. 191–215.

Bourdieu, P., *La Distinction, Critique sociale du jugement*, Paris : Éditionsde Minuit. 1979.（石井洋二郎訳『ディスタンクシオンⅠ・Ⅱ――社会的判断力批判』藤原書店、１９９０年）

Bradbury, R., *Fahrenheit 451*, 1953.（伊藤典夫訳『華氏４５１度・新訳版』早川書房、２０１４年）

Butler-Bowdon, T., *50 Psychology Classics*, 2007.（米谷敬一訳『世界の心理学50の名著』ディスカヴァー・トゥエンティワン、２０１９年）

Cattell, R. B., *Theory of fluid and crystallized intelligence: A critical experiment*. Journal of Educational

Psychology, 54, 1963, pp. 1–22.

Certeau, M. D., *L'Invention du Quotidien l'Art de Faire*, U. G. E., coll. 10/18. 1980.（山田登世子訳『日常的実践のポイエティーク』国文社、１９８７年）

Darwin, C. R., *On the Origin of Species by Means of Natural Selection, or the Preservation of Favoured Races in the Struggle for Life*, John Murray, 1859.（八杉龍一編訳『種の起源』〈上・下〉岩波文庫、１９９０年）

遠藤誉・田原総一朗『激突！ 遠藤ｖｓ田原 日中と習近平国賓』実業之日本社、２０２０年

Frankl, V. E., *Ein Psychologe erlebt das Konzentrationslager. Österreichische Dokuments zur Zeitgeschichte I*, Wien: Verlag für Jugend und Volk. 1947.（池田香代子訳『夜と霧 新版』みすず書房、２００２年）

Fromm, E., *The Art of Loving*, Unwin Paperbacks, 1975 (First published in 1957).（鈴木晶訳『愛するということ』紀伊國屋書店、１９９１年）

藤井聡・木村盛世『ゼロコロナという病』産経新聞出版、２０２１年

Gladwell, M., Blink: *The Power of Thinking Without Thinking*, Back Bay Books, 2005.（沢田博・阿部尚美訳『第１感「最初の２秒」の「なんとなく」が正しい』光文社、２００６年）

郷ひろみ『黄金の60代』幻冬舎、２０２０年

羽生善治『決断力』角川新書、２００５年

Hari, J., *Chasing the Scream: The First and Last Days of the War on Drugs*, 2020.（福井昌子訳『麻薬と人間 １００年の物語――薬物への認識を変える衝撃の真実』作品社、２０２１年）

橋下徹『決断力 誰もが納得する結論の導き方』ＰＨＰ新書、２０２１年

Headquarteras, Department of the Army., *Survival FM21-76*, 1992.（鄭仁和訳『米陸軍サバイバル全書［新版］』並木書房、２０１１年）

Heidegger, M., *Sein und Zeit*. 1927.（桑木務訳『存在と時間』岩波文庫、１９６０年）

広井良典『ケア学――越境するケアへ』医学書院、２０００年

ひろゆき『１％の努力』ダイヤモンド社、２０２０年

――『ラクしてうまくいく生き方 自分を最優先にしながらちゃんと結果を出す１００のコツ』きずな出版、２０２１年

堀江貴文『多動力』幻冬舎、２０１７年

――『疑う力「常識」の99％はウソである』宝島社、２０１９年

堀田美保『アサーティブネス――その実践に役立つ心理学』ナカニシヤ出版、２０１９年

飯田浩司『「反権力」は正義ですか――ラジオニュースの現場から』新潮新書、２０２０年

稲増龍夫『アイドル工学』筑摩書房、１９８９年

岩井勇気『僕の人生には事件が起きない』新潮社、２０１９年

上念司・篠田英朗『不安を煽(あお)りたい人たち』ＷＡＣ、２０２０年

Jung, C. G., *Lebenswende Seelenproblem der Gegenwart*, 1946.（鎌田輝男訳「人生の転換期」『現代思想〈臨時増刊〉総特集ユング』青土社、１９７９年）

――*Über die Psychologie des Unbewußten*, 1948.（高橋義孝訳『無意識の心理』人文書院、１９８０年）

門田隆将『新・階級闘争論――暴走するメディア・ＳＮＳ』ＷＡＣ、２０２１年
梶谷懐・高口康太『幸福な監視国家・中国』ＮＨＫ出版新書、２０１９年
垣渕洋一『「そろそろ、お酒やめようかな」と思ったときに読む本』青春出版社、２０２０年
河合隼雄『昔話の深層――ユング心理学とグリム童話』講談社＋α文庫、１９９４年
木村盛世『新型コロナ、本当のところどれだけ問題なのか』飛鳥新社、２０２１年
Lacan, J.. *Le Séminaire livre VII: L'éthique de la psychanalyse 1959-1960*, Paris, Seuil, 1986.（小出浩之・鈴木國文・保科正章・菅原誠一訳『精神分析の倫理』（上・下）、岩波書店、２００２年）
Lazarus, R. S. 講演（林峻一郎・編訳『ストレスとコーピング』星和書店、１９９０年）
前田益尚「マス・コミュニケーション・プロセスにおける『受け手論』の地平――『受け手の優位性』論議をめぐって」（『年報社会学論集』第6号、関東社会学会、１９９３年、pp. 227-238.）
――「マス・コミュニケーション・プロセスにおける『受け手の主体性』の所在」（『マス・コミュニケーション研究』44号、日本マス・コミュニケーション学会、１９９４年、pp. 116-127.）
――「マス・コミュニケーション総過程説に立脚した理論的探究――送り手論構築のための一考察」（『日本社会心理学会第36回大会発表論文集』日本社会心理学会、１９９５年、pp. 212-215.）
――「大衆心理とＴＶ型パーソナリティ発達の諸段階」（『文学・芸術・文化』第13巻1号、近畿大学文芸学部、２００１年、pp. 73-88.）
――「臨床テレビの福祉論――1床に1台、ＴＶがある病棟と看護師への質的調査から――」（『文学・芸術・文化』第25巻第1号、近畿大学文芸学部、２０１３年、pp. 130-142.）
――『楽天的闘病論――がんとアルコール依存症、転んでもタダでは起きぬ社会学』晃洋書房、

２０１６年
——『大学というメディア論——授業はライヴでなければ生き残れない』幻冬舎ルネッサンス新書、２０１７年
——『マス・コミュニケーション単純化の論理——テレビを視る時は、直観リテラシーで』晃洋書房、２０１８年
——「ポスト・アルコホリズムなる人生観——依存から断酒へ向かうデザイン思考とは——」（『渾沌』第16号、近畿大学大学院総合文化研究科、２０１９年、pp. 29-47.）
——『脱アルコールの哲学——理屈でデザインする酒のない人生』晃洋書房、２０１９年
——『パンク社会学——ここでしか言えない社会問題の即興解決法』晃洋書房、２０２０年
松本俊彦『誰がために医師はいる——クスリとヒトの現代論』みすず書房、２０２１年
松村真宏『仕掛学——人を動かすアイデアのつくり方』東洋経済新報社、２０１６年
Marx, K., *Zur Kritik der Hegelschen Rechts-Philosophie*, 1843-1844.（城塚登訳『ユダヤ人問題によせて——ヘーゲル法哲学批判序説』岩波文庫、１９７４年）
——*Das Kapital*. 1867-1894.（岡崎次郎訳『資本論』①・②、国民文庫、１９７２年、③、国民文庫、１９８９年）
McLuhan, M., *Understanding Media : The Extensions of Man*, The MIT Press, 1964.（栗原裕・河本仲聖訳『メディア論』みすず書房、１９８７年）
Miller, W. R., Rollnick, S., *Motivational Interviewing SECOND EDITION Preparing People for Change*, The Guiford Press, 2002.（松島義博・後藤恵訳『動機づけ面接法　基礎・実践編』星和書店、２

００７年）
三浦瑠璃『私の考え』新潮新書、２０２０年
——『日本の分断——私たちの民主主義の未来について』文春新書、２０２１年
宮澤孝幸『京大おどろきのウイルス学講義』ＰＨＰ新書、２０２１年
森達也『たったひとつの「真実」なんてない』筑摩書房、２０１４年
——『ニュースの深き欲望』朝日新聞出版、２０１８年
森田洋介『日本の医療の不都合な真実——コロナ禍で見えた「世界最高レベルの医療」の裏側』幻冬舎新書、２０２０年
中野収『コミュニケーションの記号論——情報環境と新しい人間像』有斐閣、１９８４年
Nanba, K. *Comparative Studies in USA and Japanese Advertising during the Post-War Era.* International Journal of Japanese Sociology Number 11, 2002, pp. 56-71.
難波功士『大二病「評価」から逃げる若者たち』双葉新書、２０１４年
西岡壱誠・中山芳一『東大メンタル「ドラゴン桜」に学ぶやりたくないことでも結果を出す技術』日経ＢＰ、２０２１年
落合博満『決断＝実行』ダイヤモンド社、２０１８年
岡田尊司『母という病』ポプラ新書、２０１４年
小川さやか『「その日暮らし」の人類学——もう一つの資本主義経済』光文社新書、２０１６年
Pascal, B., *Pensées.* 1669.（前田陽一・由木康訳『パンセ』中公文庫プレミアム、２０１８年）
Planyi, M., *The Tacit Dimension.* 1966.（佐藤敬三訳『暗黙知の時限——言語から非言語へ』紀伊國屋

書店、１９８０年）
ROLAND『ローランド先生――お悩み解決特別授業――』扶桑社、２０２０年
Rosenthal, R. & Jacobson, L., *Pygmalion in the classroom*, Holt, Rinehart & Winston 1968.
酒井順子『テレビってやつは』マガジンハウス、１９９１年
――『負け犬の遠吠え』講談社、２００３年
Sandel, M.J., *Justice with Michael Sandel and Special Lecture in Tokyo University*. 2010.（ＮＨＫ「ハーバード白熱教室」制作チーム・小林正弥・杉田晶子訳『ハーバード白熱教室講義録＋東大特別授業』（上・下）ハヤカワ・ノンフィクション文庫、２０１２年
Sandel, M.J. & Kobayashi, M., *The Art of Dialogical Lecture of Michael Sandel*. 2011.（マイケル・サンデル・木林正弥『サンデル教授の対話術』ＮＨＫ出版、２０１１年）
Sandel, M.J., *The Tyranny of Merit: What's Become of the Common Good?*, Farrar, Straus and Giroux, 2020.（鬼澤忍訳『実力も運のうち 能力主義は正義か？』早川書房、２０２１年）
佐藤可士和『世界が変わる「視点」の見つけ方――未踏領域のデザイン戦略』集英社新書、２０１９年
佐藤卓己『テレビ的教養――一億総博知化への系譜』ＮＴＴ出版、２００８年
佐藤泰子『苦しみと緩和の臨床人間学――聴くこと、語ることの本当の意味』晃洋書房、２０１１年
Schopenhauer, A., *Uebet die vierfache Wurzel des Satzes vom zureichenden Grunde*. 1813.（鎌田康男・齋藤智志・高橋陽一郎・臼木悦生訳著『ショーペンハウアー哲学の再構築〈新装版〉「充足根拠律の四方向に分岐した根について」〈第一版〉訳解』法政大学出版局、２０００年）

――― *Parerga und Paralipomena: Kleine Philosophische Schriften*, 1851.（斎藤忍随訳『読書について』岩波文庫、１９６０年）

Schwartz, B., *The Paradox of Why More is Less*, Harper Perennial, 2005.（瑞穂のりこ訳『新装版 なぜ選ぶたびに後悔するのか――オプション過剰時代の賢い選択術』武田ランダムハウスジャパン、２０１２年）

Schwartz, T., *The Responsive Chord*, A Doubleday Anchor Book, 1973.

世耕石弘『近大革命』産経新聞出版社、２０１７年

先崎彰容『国家の尊厳』新潮新書、２０２１年

島田裕巳『もう親を捨てるしかない――介護・葬式・遺産は、要らない』幻冬舎新書、２０１６年

Steele, C. M., *The Psychology of Self-Affirmation: Sustaining the Integrity of the Self*. Advances in Experimental Social Psychology, Volume 21, 1988, pp. 261-302.

高橋ヨシキ『高橋ヨシキのシネマストリップ――戦慄のディストピア編』スモール出版、２０１９年

武田邦彦『フェイクニュースを見破る――武器としての理系思考』ビジネス社、２０２１年

武田砂鉄『ル・ボン『群集心理』　２０２１年9月（ＮＨＫ１００分ｄｅ名著）ムック』ＮＨＫ出版、２０２１年

竹村健一『メディアの軽業師たち――マクルーハンで読み解く現代社会』ビジネス社、２００２年

鳥集徹（著）森田洋之、和田秀樹、木村盛世、長尾和宏、萬田緑平、高橋泰、本間真二郎（証言）『コロナ自粛の大罪』宝島社新書、２０２１年

坪田信貴『学年ビリのギャルが1年で偏差値を40上げて慶応大学に現役合格した話』ＫＡＤＯＫＡＷ

Ａ、２０１３年

内田樹『街場の教育論』ミシマ社、２００８年

植木理恵『本当にわかる心理学』日本実業出版社、２０１０年

ウイ『ハッピーエンドを前提として――この世は頭のいい女、がまん強い女ほど幸せになりにくいように仕組まれている』ＫＡＤＯＫＡＷＡ、２０１９年

梅屋真一郎『コロナ制圧 その先の盛衰』日本経済新聞出版、２０２１年

Usher, M. Chater, N. & Tsetsos, K., *Salience driven value integration explains decision biases and preference reversal*, Proceedings of the National Academy of Sciences, 109(24), 2012, pp. 9659-64.

和田秀樹『年代別 医学的に正しい生き方――人生の未来予測図』講談社現代新書、２０１８年

Whitman, J. Q., *HITLER'S AMERICAN MODEL The United States and the Making of Nazi Race Law*, Princeton University Press, 2017.（西川美樹訳『ヒトラーのモデルはアメリカだった――法システムによる「純血の追求」』みすず書房、２０１８年

山本明『価値転轍機――シンボルとしての広告』ブレーンブックス、１９６９年

横山明日希『読み出したら止まらない！ 文系もハマる数学』青春出版社、２０２０年

吉田精次・ＡＳＫ（アルコール薬物問題全国市民協会）『アルコール・薬物・ギャンブルで悩む家族のための７つの対処法――ＣＲＡＦＴ』アスク・ヒューマンケア、２０１４年

吉本隆明・清水徹・蓮見重彦・浅沼圭司『書物の現在』書肆風の薔薇、１９８９年

結城康博『介護職がいなくなる――ケアの現場で何が起きているのか』岩波ブックレット、２０１９年

「保健所業務　選択と集中—読売新聞社提言」『読売新聞』2021.3.21. 3面
本村正秀（佐川急便社長）「物流にＡＩ　人手不足補う」（関西経済 INTERVIEW 広論）『読売新聞』読売新聞大阪本社、2021.4.3. 7面

参考番組（視聴日順）

エドワード・フレンケル「数学を〝統一〟する！」『数学ミステリー白熱教室～ラングランズ・プログラムへの招待～』（1）NHK Eテレ、2015.11.13. 23:00～23:54
三浦瑠璃（ゲスト）「夫婦関係は4階建て…1階が一番大切な経済と生活、4階は『営み』」『お笑いワイドショー　マルコポロリ』関西テレビ、2019.6.2. 13:59～14:54
ジャック・アタリ、ユヴァル・ノア・ハラリ、イアン・ブレマー（出演）「緊急対談　パンデミックが変える世界～海外の知性が語る展望」『ETV特集』NHK、2020.4.11. 23:00～0:00
「デジタルハンター～謎のネット調査団を追う～」『BS1 スペシャル』NHKBS1、2020.5.17. 20:00～20:50
かまいたち『これ余談なんですけど・・・』朝日放送、2021.1.13.～ 1:58～2:30
木村もりよ（ゲスト）「（日本医師会会長の会見に）これを聞いていると医療キャパシティーを増やすのに大変だから、飲食店や国民が犠牲になればいい、とかそういう上から目線で話してることがすごく気になった」『教えて！ニュースライブ　正義のミカタ』朝日放送、2021.1.23. 9:30～11:00
米村滋人（ゲスト）「米村東大教授が生提言　特措法&感染症法改正　私権制限と懲役刑是非」『プライムニュース』BSフジ、2021.1.28. 20:00～21:00
大木隆生、二木芳人、上昌弘、三浦瑠璃、神保哲生、ほか（パネリスト）田原総一朗（司会）「激論！

「医療崩壊?!ド〜する?!　コロナ国会」『朝まで生テレビ』テレビ朝日、2021.1.30. 1:25〜4:25

久住英二（ゲスト）「『宣言』延長か解除か　片山義博元総務大臣らと現状と今後を徹底議論」『深層NEWS』BS日テレ、2021.2.1. 22:00〜23:00

辛坊治郎、宮沢孝幸、杉村太蔵（ゲスト）「辛坊解説委員のココだからしゃべるニュースの正体」『今田・八光の特盛！よしもと』読売テレビ、2021.2.6. 11:55〜12:53

「親の信仰と愛情の間で『宗教2世』たちの今」『ハートネットTV』NHK Eテレ、2021.2.9. 20:00〜20:30

先崎彰容、米村滋人、松井孝治（ゲスト）「危機の政治を徹底議論 政府と国民の〝ズレ〟コロナ禍の信頼感とは」『プライムニュース』BSフジ、2021.2.9. 20:00〜21:55

伊沢拓司、西野亮廣（ゲスト）「伊沢が見参　開成高校の秘密を解説／話題の男キンコン西野　芸能界の生き残り術語る」『華丸大吉&千鳥のテッパンいただきます！』関西テレビ、2021.2.9. 22:00〜22:54

橋下徹（ゲスト）「TVでの発言に子供が『反論してくる』」『モモコのOH！ソレ！み〜よ！』関西テレビ、2021.2.13. 13:59〜14:28

日野晃、廣木道心、白川竜次、アレキサンダー・ベネット、木村有理、大栗彩加（武術家）、岡田准一、ケンドーコバヤシ（MC）『明鏡止水〜武のKAMIWAZA〜』NHK BSプレミアム、2021.3.19. 22:00〜22:59

二宮清純（ゲスト）、宮根誠司（MC）「『平成の三四郎』二宮が語る伝説の数々」『ミヤネ屋』読売テレビ、2021.3.24. 13:55〜15:50

小林武彦、遠藤昌吾（解説）「〝死〟生命最大の発明」『ヒューマニエンス』NHK BSプレミアム、2021.4.1. 20:00~20:59
秋元康「プロデューサー秋元康氏が語る〝未来のスター〟の見つけ方」『新・情報7days ニュースキャスター』TBS、2021.4.17. 22:00~23:24
佐藤可士和「デザインで価値を一変！〝可士和改革〟の最前線」村上龍（MC）『カンブリア宮殿』テレビ東京、2021.4.22. 23:06~23:55
大木隆生、舛添要一、上昌弘、三浦瑠璃、ほか（パネリスト）田原総一朗（司会）「激論！3度目の緊急事態宣言 ド~する?・!医療危機」『朝まで生テレビ』テレビ朝日、2021.4.30. 1:25~4:25
東野幸治、田村淳、ほか「疑問：マネージャーと芸人の関係は大丈夫」『1周回って知らない話&今夜くらべてみました「芸能界の気になる」合体3時間SP』日本テレビ、2021.5.5. 19:00~21:54
稲垣えみ子（出演）、木村英明、山田孝子（解説）「〝衣服〟服を着るという進化」『ヒューマニエンス』NHK BSプレミアム、2021.5.13. 20:00~20:59
松田憲幸、ほか（VTR）「大阪の名門『北野高校』人材」『THE名門校！日本全国すごい学校名鑑』BSテレ東、2021.5.17. 22:00~22:55
下村博文、三浦瑠璃、デヴィッド・アトキンソン（ゲスト）「〝宣言〟延長で経済は」『プライムニュース』BSフジ、2021.5.28. 20:00~21:55
伊沢拓司、上田彩瑛（ゲスト）、廣津留すみれ、ほか（VTR）「天才がやったこと あえてやらなかったことSP」『THE名門校！日本全国すごい学校名鑑』BSテレ東、2021.6.21 22:00~22:55
細川昌彦、山際大志郎、権容奭、陳昌洙（ゲスト）「輸出管理の厳格化2年『脱日本』狙う文在寅 米

中半導体戦争と日韓」『プライムニュース』BSフジ、2021.7.7. 20:00～21:55

渡辺正夫、丸山茂、日永田智絵（出演）小林晋平、IVAN（司会）「身近な人ほど反発してしまうワケ」『思考ガチャ！』NHK Eテレ、2021.7.9. 22:00～22:30

和田秀樹（ゲスト）「アルツハイマー。コロナ自粛…若者にも急増 世界初の新薬の効果？ 予防策は？」『教えて！ ニュースライブ 正義のミカタ』朝日放送、2021.7.10. 9:30～11:00

橋下徹、先崎彰容（ゲスト）「橋本×先崎が徹底議論 危機下における政治は 緊急事態と無観客五輪」『プライムニュース』BSフジ、2021.7.12. 20:00～21:55

宮竹貴久（ゲスト）林修「まるで『ドラゴン桜』…偏差値39から世界的研究者へ宮竹貴久教授」『日曜日の初耳学』TBS、2021.8.8. 22:00～22:54

宮澤正顕（ゲスト）新実彰平「懸念 若い世代中心に広まるSNSのワクチンデマ 新実アナが専門家取材」『報道ランナー』関西テレビ、2021.8.10. 16:45～17:48

野村忠宏（ゲスト）、石井直方、稲見昌彦（解説）「〝筋肉〟感応する奇跡のシステム」『ヒューマニエンス』NHK BSプレミアム、2021.8.12. 20:00～20:59

高橋智隆（ロボットクリエーター：ゲスト）「『ヒト型ロボット』は何もできない!?」『そこまで言って委員会NP』読売テレビ、2021.8.29. 13:30～15:00

坂上雅道（解説）いとうせいこう（ゲスト）「〝快楽〟ドーパミンという天使と悪魔」『ヒューマニエンス』NHK BSプレミアム、2021.9.9. 20:00～20:59

辛坊治郎（ゲスト）『ワイドナショー』フジテレビ、2021.9.12. 10:00～11:15

田村淳、鈴木哲夫、ほか（ゲスト）新実彰平「田村淳が日本の未来語る！ 投票へ行かない若者たち」

『報道ランナー 迫る総選挙ＳＰ』フジテレビ、2021.9.20. 15:45~19:00

参考動画

橋本翔太「毒親呼ばわりされた上に子供が去って行きました。苦しいです。どうしたら、また子供たちと連絡も取れてやり直すことができますか?」『心理カウンセラー橋本翔太の人生リノベーション。栄養・音楽療法』YouTube チャンネル https://youtu.be/ME8BWbd8qq0

「【バラエティ】誰だって波瀾爆笑~前田益尚~」『稲増36期』YouTube チャンネル、法政大学社会学部 稲増ゼミＰＶ、制作:稲増ゼミ36期生(勝又美衣奈、名須川侑征、山上泰生、山内侑)https://youtu.be/lL5rumGG_Tg

参考映画

Gordon, S., *From Beyond*, Empire International Pictures, 1986.(日本公開:スチュアート・ゴードン監督『フロム・ビヨンド』１９８７年)

Zeller, F., *The Father*. F Comme Film, 2020.(日本公開:フローリアン・ゼレール監督『ファーザー』２０２１年)

参考講演

松本俊彦「自傷とトラウマ~ふつうの支援の中でできること~」(２０２１年度大津市自殺対策研修会オンライン開催、主催:大津市保健所保健予防課、2021.9.15. 13:30~15:30)

《著者紹介》
前田益尚（まえだ ますなお）

近畿大学文芸学部教授

1964年生まれ。滋賀県立膳所高校卒。法政大学社会学部卒。
成城大学大学院文学研究科コミュニケーション学専攻博士後期課程単位取得退学。
主な所属学会：日本社会心理学会，日本社会学会，関東社会学会，関西社会学会，日本メディア学会，日本アルコール関連問題学会など。

主な単著：
『パンク社会学』2020年，『脱アルコールの哲学』2019年，『マス・コミュニケーション単純化の論理』2018年（以上，晃洋書房），『大学というメディア論』2017年（幻冬舎ルネッサンス新書）など多数。

サバイバル原論
――病める社会を生き抜く心理学――

2021年12月10日　初版第1刷発行　＊定価はカバーに表示してあります

著　者　前田益尚©
発行者　萩原淳平
印刷者　藤森英夫

発行所　株式会社　晃洋書房
〒615-0026　京都市右京区西院北矢掛町7番地
電　話　075(312)0788番(代)
振替口座　01040-6-32280

装丁　㈱クオリアデザイン事務所　印刷・製本　亜細亜印刷㈱
ISBN978-4-7710-3563-8

好評既刊書

パンク社会学
ここでしか言えない社会問題の即興解決法

前田　益尚

ステージ4の下咽頭がん、長期のアルコール依存症からカムバックし、教壇にたちつづける著者が、独自の切り口で、未解決の社会問題への解決策を提唱。COVID-19、オリンピック、AIから安全保障まで、縦横無尽に語りつくす。

978-4-7710-3438-9　定価　1650円

脱アルコールの哲学
理屈でデザインする酒のない人生

前田　益尚

現役大学教授がおくる、お酒と人生にまつわる最新エッセイ。なぜ、アルコール依存症になったのか？どうやって回復したのか？自助グループの役割とは？——著者自身の経験と分析をもとに、依存症という病を乗り超えるヒントを凝縮した一冊。

978-4-7710-3229-3　定価　1650円

マス・コミュニケーション単純化の論理
テレビを視る時は、直観リテラシーで

前田　益尚

マス・コミュニケーション理論を「送り手」「メディア」「内容」「受け手」の4つに単純化し、テレビを切り口に、わかりやすく解説。虚実入り乱れる情報社会で、惑わされず、したたかに生き抜くために、本質を見抜く（直観）実践的なリテラシーを体得する。

978-4-7710-3083-1　定価　1650円

楽天的闘病論
がんとアルコール依存症、転んでもタダでは起きぬ社会学

前田　益尚

下咽頭がんの診断を受け奇跡の手術によって現場へ復帰。その後、アルコール依存症が悪化し、緊急入院。断酒に向け、本格的な治療を開始。2つの大きな病を経験した現役大学教員が病と医療と上手に付き合い楽しく乗り超える術を伝授。

978-4-7710-2728-2　定価　2420円